Vítima!?
Nunca Mais

João Demétrio Loricchio

Mundo Maior
Editora
Seu futuro começa aqui.

Vítima!? Nunca Mais

1a. Edição - março/2003 - Mundo Maior Editora

Diretoria Editorial:
Eurípedes Rodrigues dos Reis / Onofre Astínfero Baptista

Concepção da Capa:
Agência André Luiz

Diagramação e Composição Eletrônica:
Renata de Carvalho Gomes

Revisão:
Adriana Moreira de Carvalho

Mundo Maior Editora
Fundação Espírita André Luiz
Rua Duarte de Azevedo, 728 - Santana - São Paulo/SP - CEP 02036-022
CNPJ 65.080.616/0001-65 Tel.: (0 xx 11) 6979 2157
E-mail: feal@feal.com.br

Índice

Apresentação

Com mais esta empreitada literária, o meu querido amigo Dr. João Demétrio Loricchio, confirma a sua sincera intenção de contribuir com o esclarecimento humano. Sem dúvida, esta é uma das intenções mais louváveis, a qual, com certeza, animou a todos aqueles que, de certa forma, contribuíram para promover a evolução humana.

Neste livro, o meu estimado Demétrio traz valiosas informações sobre o direito e a implicação do cidadão perante os mecanismos das leis humanas, levando o leitor a ampliar a sua compreensão para as questões que envolvem também as leis de causas e efeitos.

Obras como esta são importantes e se transformam em valiosas pinceladas na composição da tela que deverá servir de pano de fundo para o cenário do mundo que nos aguarda no futuro, quando então, o homem, consciente dos seus legítimos direitos e das suas responsabilidades, trará gravado na própria consciência as Leis Naturais e Divinas.

Enquanto esse mundo não se configura no cenário terrestre, o direito legítimo do cidadão e a culpabilidade, estarão sujeitos às interpretações jurídicas por parte dos magistrados, afirmou Rui Barbosa: *"Não há tribunais que bastem para abrigar o direito, quando o dever se ausenta da consciência dos magistrados"*. Aí está a importância desta obra, quem sabe, servirá para orientar as consciências dos que ainda julgam apenas amparados nas frias leis humanas.

Uma coisa é certa, enquanto não nos libertarmos da ignorância espiritual, continuaremos sendo vítimas de nós mesmos. Será através de esforços como este, empreendidos por aqueles que já despertaram para a realidade mais ampla da vida, que, um dia, todos os espíritos reencarnados na Terra poderão afirmar em uma só voz: **Vítima *! ?* Nunca Mais!**

Espero que o Demétrio tenha sucesso e continue nessa empreitada, pois o livro é um amigo sempre presente, e é muito bom ter acesso a um amigo como este que nos orienta e esclarece.

Nelson Moraes
Verão de 2003

Preâmbulo

Assevera-nos Bertrand Russel: "Todo conhecimento humano é incerto, inexato e parcial" e, serve-nos de consolo também, a justificação do notável Rui Barbosa, que, pilhado em equívoco por Ernesto Carneiro Ribeiro, confessou a peito aberto: "uma verdade há que me não assusta, porque é universal e de universal consenso: não há escritor sem erro"*. Ademais, não vemos mal em proclamar que os equívocos causados pelo arrojo intelectual são, por vezes, mais úteis do que os acertos vulgares, justamente porque abrem espaços e propiciam vôos mais altos na evolução e progresso. *(Curso de Direito Constitucional Tributário. Roque Antonio Carrazza. Malheiros Editora. 999 - réplica - 2ª tiragem - Separata das Pandectas Brandeiras. p. 21)

Afirma Allan Kardec:* "a misericórdia de Deus é infinita, mas não é cega", razão que nos levou a pesquisar mentes evoluídas, obras que são verdadeiros tratados e as percepções mediúnicas que nos afrouxa e, em conseqüência, fui impulsionado a escrever a respeito das vítimas e usar a tríade: *VÍTIMA > REPARO > JUSTIÇA*, como pedagogia de ensino. " *(Citado pelo Espírito Emmanuel, no Livro Justiça Divina. Francisco Cândido Xavier. FEB. RJ. 1962)

O objetivo deste livro é desvendar de certas situações que as pessoas se encontram, voluntária ou involuntariamente, denominada por *Vítima*, surgindo daí, expressões das mais diversas, como: "sou vítima disso..."; "fui vítima daquilo..."; "tenho medo de ser vítima de...", e assim por diante, colocações essas que, infelizmente, no momento transitório que atravessamos na sociedade é até corriqueira.

Empregamos nesses estudos, experiências do dia-a-dia na função de Delegado de Polícia, pesquisas nos longos anos dedicados ao trabalho espiritual de desobsessão e, quando permitido, nas investidas mediúnicas de desdobramento, que nos trouxe um cabedal de conhecimentos e conclusões específicas do que vamos demonstrar neste despretensioso compêndio sobre o porquê das *Vítimas*.

Existe, do lado de lá, no mundo espiritual, uma existência também física, porém, de uma matéria de composição mais sutil e em outra dimensão, onde tudo se interliga com nossa vivência física atual e "vice-versa". Do mesmo modo que se prepara nesta vida corporal com vistas para a vida futura, a extrafísica, através das religiões, doutrinas e das ciências, identicamente ocorre no mundo não vistos pelos olhos materiais, com estudos de perspectivas de uma nova reencarnação, com o que de melhor for para o Espírito, nessa nova caminhada terrestre.

Em decorrência de conquistas evolutivas já alcançadas pelo ser humano, em suas existências sucessivas, uns mais rápidos que outros, passam a compartilhar estágios espirituais de patamares dimensionais diferentes. Nesses mundos espirituais diferenciados pela evolução energética dos que o compõem, poderá ser visitado, mesmo antes do desencarne, por meio do Perispírito ou Corpo Astral (existem outras inúmeras denominações; consultar o nosso livro Criminologia Genética Espiritual), desprendido durante o repouso do corpo físico que poderá ser, consciente ou inconsciente, ou pela mediunidade, onde se constata a realidade da seqüência ininterrupta entre as duas vidas, física e espiritual, sem qualquer mudança abrupta, mas sim, a continuação do que somos hoje, neste momento, sem perdermos nossa individualidade e personalidade.

Pois bem, nesse mundo fantástico, também existe a preocupação com o retorno do Espírito ao nosso mundo material, aliás, preocupação bem maior em comparação com a morte física (desencarne), em razão das vicissitudes imperativas ainda em nosso mundo físico.

Identicamente à nossa sociedade material, na sociedade espiritual, há vários ministérios e departamentos vinculados ao propósito evolutivo dos Espíritos Eternos que lá se encontram, dentre eles, o Departamento Reencarnatório, que visa o retorno do Espírito ao mundo corporal grosseiro com o fim de dar continuidade ao aprendizado necessário, intelectual e moral, para vôos mais altos a caminho de Deus. Ao mesmo tempo, trazemos impregnado no Espírito, práticas inferiores efetivadas em vidas pretéritas, em desfavor ao nosso próximo ou até da Natureza, os quais, em parte, serão filtrados no corpo material em forma de enfermidades ou até em deficiências físicas ou mentais e, em outra parte, teremos que reparar ou mesmo expiarmos diretamente com aqueles que prejudicamos na caminhada anterior, por impulso da Lei de Ação e Reação, com o escopo de expurgarmos esses males adquiridos e equilibrarmos a situação do Espírito.

É justamente nesse Departamento que os Espíritos são encaminhados, antes do seu retorno a Terra, para estudos das ocorrências passadas, positivas ou negativas que vieram praticar e as suas necessárias restaurações que deverão ocorrer na vida futura do reencarnante. Espíritos especializados em reencarnações, trabalhadores que foram das áreas de Geriatria, Obstetrícia e Genética, entre outras, estudam as melhores condições do futuro reencarnante, sempre visando seu aprimoramento espiritual. Nessa preparação, vincula-se o interessado com sua próxima parentela, com as funções orgânicas do seu futuro corpo físico e os encontros e desencontros imperativos que se façam necessários para reparar os prejudicados pretéritos de sua responsabilidade. Todos os Espíritos tem consciência dessa preparação, com exceção dos reencarnantes compulsórios que não possuem condições de conscientizar-se desses estudos para o retorno.

Nesses estudos, com usos de aparelhos sofisticados, conhece-se o passado e as relações afetivas e desregradas vividas, somando-se os prós e os contras, ficando, "a saber", os débitos ainda existentes com nosso semelhante e os caminhos que deverão ser tomados com o intuito de se restabelecer o equilíbrio e a harmonia com aqueles que desventuradamente levamos ao sofrimento, a dor e ao prejuízo. Organiza-se, juntamente com o interessado, rotas que deverão ser tomadas na nova existência material para restabelecimento de ambas as partes envolvidas, assim, descarregando do Espírito as energias negativas dessas ações infelizes que obstam a evolução e progresso espiritual.

Após esses levantamentos imprescindíveis, trabalhadores do Departamento seguem, desta feita, em contatos com outros Espíritos, encarnados e desencarnados, vinculados nesse processo ao reencarnante, para que possam também ser preparados na aceitação dos caminhos que se projeta em benefício de todos, na tentativa de não haver, na hora da corrigenda, repulsa, tanto da parte da aceitação do que vai sofrer, quanto o perdão necessário da parte contrária.

Para o sucesso do programado, nas *Câmaras Reencarnatória*, o Espírito que irá receber novas oportunidades evolutivas e de reajustes na crosta terrestre, entra em processo de esquecimento e de redução do seu corpo plasmático espiritual, juntando-se o mesmo, na oportunidade da concepção que vai acontecer com o casal que irá receber esse Espírito, na forma de um neném, para a caminhada redentora de todos vinculados em fatos infelizes do passado.

Muitas vezes, esses retornos são acompanhados por companheiros afins e dedicados, para cooperar com o sucesso dos fatos que deverão desenrolar na caminhada terrestre do reencarnante, tendo em vista que terá que cruzar ou conviver, em certas ocasiões, com desafetos do passado para o devido reequilíbrio. São os parentes difíceis, vizinhos complicados, patrões ásperos e, entre estes, ainda aparecerão no caminho suas próprias vítimas, cobrando o que lhe é devido.

Assim, o presente trabalho que apresentamos neste livro, é uma seqüência de nossa outra obra intitulada, Criminologia - Genética Espiritual -(Editora Mundo Maior. SP. 2001), onde apresentamos uma tese nova na área jurídica, embasada no aspecto científico da Doutrina Espírita, a respeito do por quê da violência, agressividade e criminalidade do homem. Desta feita, demonstraremos o outro lado desses litígios, o lado da *Vítima,* do presente e do passado. No desenrolar deste labor vamos enfocar vítimas de várias situações: vítimas de crimes, doenças, drogas, obsessão, medo, danos, entre outras vitimizações. A indagação que pretendemos responder é *POR QUE SOMOS VÍTIMAS* ?

1
Do Direito Penal

O Homem por viver em sociedade e pelos usos e costumes adquiridos na vivência em cada região do planeta com suas habitualidades conquistadas em decorrência da região geográfica e climática em que teve que enfrentar desenvolveu, em seu meio, certas obrigações e deveres que foi dado nome de Direito, que visam garantir as condições indispensáveis à coexistência dos grupos sociais. Contrariando essas normas de Direito, ofendendo ou colocando em perigo um bem alheio, deixará em desequilíbrio a existência da sociedade, ocorrendo o ilícito jurídico, com conseqüências civis ou penais e suas sanções punitivas.

Assim, nasceu o Direito Penal ou Direito Criminal, definido pelo eloqüente doutrinador E. Magalhães Noronha (Direito Penal. São Paulo. Saraiva. 1978) como sendo "o conjunto de normas jurídicas que regulam o poder punitivo do Estado, tendo em vista os fatos de natureza criminal e as medidas aplicáveis a quem os pratica". No Código Penal estão registradas as Leis, com seus artigos e incisos e as conseqüentes sanções, as quais são modificadas conforme a necessidade da sociedade e sua evolução cultural. Possui em si, duas partes: Parte Geral e Parte Espcecial, onde ambas registram, além da conduta do criminoso, também a conduta do *sujeito passivo* (vítima), vezes, sofrendo as conseqüências da ação delitiva, vezes outras, contribuindo diretamente para o resultado da contenda.

O conceito de *sujeito passivo* e de vítima não é idêntico e tão pouco sinônimo, por ser exclusivamente o primeiro termo jurídico, enquanto que o segundo (vítima) é termo vitimológico ou criminológico.

Etimologicamente, a palavra *crime* é derivada do latim *crimen* e, em acepção vulgar, significa toda ação cometida contrária aos costumes, à moral e à lei, que é igualmente punida ou reprovada pela própria consciência. Por outro lado, juridicamente, o crime pode ser *formal, material e analítico*. *Formal*: "é toda ação ou omissão de fato proibido por lei, sob ameaça de uma pena, instituída em benefício da coletividade e segurança social do Estado". *Material*: "é a conduta humana que lesa ou expõe a perigo um bem jurídico protegido pela lei penal". *Analítica*: "é o fato humano típico e ilícito, em que a culpabilidade é o pressuposto da pena e a periculosidade seria o pressuposto da medida de segurança".

Estrutura-se pelos seus elementos, material (objetivo) e moral (subjetivo), podendo ser *consumado* ou *tentado*. Assim, entende-se como *crime* uma tentativa ou consumação de destruição de um bem juridicamente tutelado e o titular que sofreu o dano é o sujeito passivo, não ficando assim, dúvida de que todo delito faz uma vítima, direta ou indiretamente. Designa-se crime consumado, quando nele se reúnem todos os elementos de sua definição legal. *Tentado*, quando iniciada a execução, mas não se consuma por circunstância alheia à vontade do agente.

Usa-se ainda a expressão *delito*, derivado também do latim, *delictum, delinquere*. É, em sentido geral, aplicado para significar ou indicar todo fato ilícito que possa resultar numa reparação, sujeitando aquele que lhe deu causa às sanções penais. Mostra ser o ato que transgride ou ofende as leis ou os preceitos instituídos pelo Direito. Traz, por isso, significação mais ampla que a do *crime*, que mais propriamente se diz à ação ou omissão, que viola a lei penal.

Com um exame mais detalhado na Parte Especial do Código Penal pátrio vigente, conclui-se efetivamente que não há crime sem vítima, uma vez que os onze títulos do código indicam sempre a existência do sujeito passivo, vejamos como exemplo: Crimes contra a Pessoa; Crimes contra o Patrimônio dos indivíduos; Crimes contra a Família; Crimes contra os Costumes dos indivíduos; e vários outros.

Retrocedendo no tempo, por volta de 1750, surgiram as primeiras correntes de pensamento filosófico-jurídico, com o nome de "Escolas Penais", das quais, tiveram posições bem definidas a Escola Clássica e a Escola Positiva. Inspirada na filosofia do Iluminismo, a Escola Clássica desenvolveu-se no estudo da entidade jurídica do crime e, preocupou-se, por outro lado, com os problemas subjetivos do delinqüente, nascendo a teoria do "Livre-Arbítrio" (mais adiante vamos aprofundar esse tema). Dessa Escola destacou-se grandes nomes, como Marquês de Beccaria (César Bonnessana. 1738-1794); Filangieri (1752-1788); Pellegrino Rossi (1768-1847); Romagnosi (1761-1835); Francesco Carrara (1805-1888); Paul Anselmo de Fuerbach (1775-1833). Essa Escola tinha o lema:

"Ó Homem, olha a Lei".

Com a influência das teorias evolucionistas apresentadas por Darwin, Lamarck e depois por Haeckel, em oposição ao movimento da Filosofia Classista, em fins do século XIX, surgiu a Escola Positiva com a teoria da Prevenção Criminal, em substituição à filosofia anterior baseada no "Livre-Arbítrio", com base no estudo antropológico do homem delinqüente e do crime como fato social, nascendo então, a teoria do *Determinismo* (mais adiante vamos aprofundar esse tema). O seu maior vulto foi o médico cientista César Lombroso (1836-1909), escola essa nascida da obra "L'Uomo Delinquente", em 1876, fundamentada na teoria do *criminoso nato*, para quem, tal figura já nasce com um tipo definido pela presença de anomalias anatômicas e fisiopsicológicas.

Com o lançamento dessa tese, Lombroso criou a ciência denominada Antropologia Criminal e a Psicologia Criminal. Lançou ainda outra obra de nome "Crime, Causas e Remédios", onde se destaca a sua preocupação também com a pessoa da vítima, no sentido de ser compensada pelo prejuízo sofrido. Outro grande nome da Escola Positiva foi, sem qualquer dúvida, Henrico Ferri (1856-1929) que construiu a filosofia voltada para o homem, assim, criando a "Sociologia Criminal", voltando seus olhos para o abandono que se encontrava a vítima, sujeito passivo do fato criminoso. Por fim, nessa Escola surgiu ainda o nome de Raffaele Garofalo (1851-1934) que sustentou que o "crime está sempre no indivíduo e é a revelação de uma natureza degenerada". Essa Escola tinha o lema "Ó Lei, olha o Homem".

Dupla-Penal

Diante do fenômeno do delito, é imprescindível conhecer tanto o criminoso como a vítima, fato que levou o insigne Benjamin Mendelsohn, considerado o "pai das vítimas", tendo em vista seus trabalhos relevantes às mesmas, a usar a expressão "dupla-penal", acatada posteriormente, por vários penólogos, todos realçando a significância desse elo, visualizando acarretar a relação, criminoso-vítima, para o aferimento de dolo ou culpa do transgressor. Apesar do criminoso ser o ponto principal na apuração do fato, carece também, analisar a possibilidade da participação ativa da própria vítima no resultado delituoso (dolo), ou de sua participação inconsciente no crime (culpa), além do mais, são valiosos os elementos inerentes à personalidade moral, os antecedentes e condições pessoais da vítima para essa análise.

Contudo, o legislador não atendeu, adequadamente, aos danos físicos, morais e emocionais sofridos pela vítima, pois sua preocupação direcionou somente para a aplicação da pena, buscando através da pena a ressocialização do delinqüente, como se isso fosse compensador ao que sofreu o dano, esquecendo por completo que o resultado lesivo trará marcas indeléveis, principalmente no campo psicológico, que se perderá no tempo e espaço de sua existência.

Malgrado o criminoso seja o ponto principal na apuração do fato delituoso, urge, mercê do fato concreto, analisar também essa participação, consciente ou inconsciente, da vítima na ação do crime, circunstância em que o ilícito poderia inexistir ou assumir inexpressivo significado. Ademais, o liame delinqüente-vítima, poderá beneficiar o autor com respeito ao seu comportamento com a vítima, no ato ou posterior ao delito, que irão exercer influência na classificação do crime e na aplicação da sanção penal.

Exemplificando mais, no contexto delituoso, a vítima pode ser inteiramente passiva ou pode ser ativa e concorrente aos fatos ocorridos. No primeiro caso, temos o aborto consensual, em que o nascituro se transforma em vítima passiva. Diversamente, temos o caso do motorista que se ausenta de seu automóvel estacionado na via pública, deixando abertas as janelas, facilitando o furto do mesmo ou de objetos no seu interior. Outro caso que serve de estímulo à prática de roubo ou latrocínio, é o fato da pessoa se expor em locais suspeitos exibindo dinheiro e jóias, ou casais que procuram locais ermos para encontros amorosos, sem se esquecer, de certas modalidades de estelionato em que a vítima tem participação primordial para o desenlace dos fatos, estando psicologicamente solidária com o delinqüente (ex. "conto do bilhete premiado").

Filipo Manci, lembra que "nos crimes sexuais, nunca o homem é tão algoz que não possa ser, também, um pouco de vítima, e a mulher nem sempre é a maior ou única vítima dos seus pretendidos infortúnios sexuais".

Por esses motivos, atualmente, já não se estuda o fenômeno da delinqüência sem se levar em conta também as características da vítima, procurando no objeto do crime, sua influência física, psíquica, moral, social, cultural e até de seitas. As características da vítima, em determinadas circunstâncias, são verdadeiras condicionantes do crime, citando ainda como exemplo os chamados *crimes sexuais, crimes de agressão, crimes de constrangimento ilegal* etc. Se estudarmos a Criminologia (Estudo do Crime e do Criminoso), não há como se excluir, em grande parte, sua participação, seu favorecimento, consciente ou não, na prática do ato ilícito.

Por outro lado, a Vitimologia (Estudo da Vítima) abrange um campo mais vasto que o campo penal, estudando a personalidade da vítima ou os motivos que proporcionaram para se colocar em tal situação. Há certas figuras típicas previstas no Código Penal que evidenciam a falsa condição de vítima, como no caso da *extorsão indireta* (Art. 160 C.P.) onde o extorsionário exige do devedor (que seria a vítima), como garantia de dívida, documento que pode dar causa a procedimento criminal contra o mesmo.

Pode-se lembrar ainda, na sociedade capitalista, algumas hipóteses como sendo verdadeiros estímulos ao delito: a) nos supermercados, as facilidades proporcionadas ao público, pelo "auto-serviço", tendo em mãos produtos já embalados, facilitando o furto; b) facilidades para abrir conta bancária e a conseqüente emissão de cheques que levam certas pessoas a gastos excessivos; c) concessão de crédito mediante hipoteca da moradia que por tornar-se insolvente vem a perdê-la; d) estímulos dos publicitários e do uso de "cartão de crédito" que ensejam dívidas acima da capacidade financeira do adquirente; e) os apelos eróticos, através dos meios de comunicação, que provocam a conseqüente violência sexual.

Por fim, o Código Penal consagrou alguns objetos da Vitimologia como dispositivos atenuantes quando a causadora indireta do evento delituoso é a própria vítima e quanto à obrigação de reparação do dano causado pelo agente do crime, como pressuposto para o gozo de certos benefícios penais.

Comportamento da vítima na ação delituosa

Vamos ter agora a atenção para alguns artigos do Código Penal que registram a preocupação do legislador com o comportamento da vítima (sujeito passivo) tendo, muitas vezes, sua participação como provocadora do crime, desencadeando, assim, ação por parte do criminoso (sujeito ativo):

Art. 59 - Fixação da Pena

O juiz, atendendo à culpabilidade, aos antecedentes, à conduta social, à personalidade do agente, aos motivos, às circunstâncias e conseqüências do crime, bem como ao comportamento da vítima (grifo nosso), estabelecerá, conforme seja necessário e suficiente para reprovação e prevenção do crime:

I- as penas aplicáveis dentre as cominadas;

II- a quantidade de pena aplicável, dentro dos limites previstos;

III- o regime inicial de cumprimento da pena privativa de liberdade;

IV- a substituição da pena privativa da liberdade aplicada, por outra espécie de pena, se cabível.

Art. 65 - Circunstâncias Atenuantes

São circunstâncias que sempre atenuam a pena:

I- ser o agente menor de vinte e um, na data do fato, ou maior de setenta anos, na data da sentença;

II- o desconhecimento da lei;

III- ter o agente:

a) cometido o crime por motivo de relevante valor social ou moral;

b) procurado, por sua espontânea vontade e com eficiência, logo após o crime, evitar-lhe ou minorar-lhe as conseqüências, ou ter, antes do julgamento, reparado o dano;

c) cometido o crime sob coação a que podia resistir, ou em cumprimento de ordem de autoridade superior, ou sob a influência de violenta emoção, provocada por ato injusto da vítima; (grifo nosso)

d) confessado espontaneamente, perante a autoridade, a autoria do crime:

e) cometido o crime sob a influência de multidão em tumulto, se não o provocou.

Art. 121 § 1º e Art. 129 § 4º - Caso de Diminuição de Pena

- Se o agente comete o crime impelido por motivo de relevante valor social ou moral, ou sob o domínio de violenta emoção, logo em seguida a injusta provocação da vítima (grifo nosso), o juiz pode reduzir a pena de um sexto a um terço.

Art. 171 - Estelionato

- Obter para si ou para outrem, vantagem ilícita, em prejuízo alheio, induzindo ou mantendo alguém em erro, mediante artifício, ardil, ou qualquer outro meio fraudulento:

Pena: reclusão, de 1 (um) a 5 (cinco) anos, e multa.

Esse crime caracteriza pelo ardil, pelo embuste e pelo artifício empregado pelo agente para enganar a vítima. Com o emprego fraudulento a vítima tem seu consentimento viciado e através desse meio o criminoso locupleta criminosamente. O crime só se completa quando há uma torpeza bilateral, ou seja, entre o meliante e a própria vítima que age com ganância e enorme ânsia de ganhar dinheiro fácil. Exemplo clássico é o conto do *bilhete premiado*, onde o malandro, passando-se por pessoa ingênua e interiorana, aborda a vítima e apresenta um bilhete de loteria que seria premiado e solicita informações de onde poderia receber o prêmio, oferecendo uma unidade do bilhete pela informação e ajuda no recebimento. A vítima "generosamente" encaminha tal indivíduo até em frente da Caixa Econômica Federal, oportunidade que dá a unidade do bilhete prometido e pede para a mesma ir receber o prêmio no interior do banco alegando não estar com roupas dignas para entrar no banco, no entanto, exige que a mesma deixe como garantia a sua bolsa com seus valores. Ao tentar receber o bilhete "premiado" é informado pelo bancário que o bilhete bate com a numeração premiada, mas a data do mesmo é outra, assim, não existindo nenhum prêmio a ser pago e não mais encontrando o malandro na rua onde havia deixado com sua bolsa.

Art. 217 - Sedução

Seduzir mulher virgem, menor de 18 (dezoito) anos e maior de 14 (catorze), e ter com ela conjunção carnal, aproveitando-se de sua inexperiência ou justificável confiança:

Pena: reclusão, de 2 (dois) a 4 (quatro) anos.

Não se justifica mais essa conduta em nosso ordenamento jurídico, tendo em vista a evolução dos costumes que se encontra a Humanidade na atualidade, pois, não se admite mais a ingenuidade de jovens de 14 a 17 anos de idade, ao ponto de serem seduzidas e entregarem sexualmente ao seu sedutor. Na realidade, a entrega se dá mais para agradar ao sedutor do que para se satisfazer seus anseios sexuais. Mas, atualmente o assédio também parte do lado feminino, não mais sendo somente conduta masculina. Mais um delito onde a vítima participa ativamente na conduta ilícita.

Art. 220 - Rapto Consensual

Se a raptada é maior de 14 (catorze) anos e menor de 21 (vinte e um), e o rapto se dá com seu consentimento:

Pena: detenção: de 1 (um) a 3 (três) anos.

Configura esse delito com o arrebatamento da mulher pelo agente do seu ambiente social (lar, trabalho etc) com o fim específico de com a mesma praticar atos libidinosos, fato esse que deve ocorrer sem qualquer violência, ameaça ou fraude. Outro delito que não se compreende a sua permanência em nosso ordenamento jurídico, pois, o fato ocorre com o consentimento da vítima e muitas vezes a própria vítima articula essa manobra para conviver com seu companheiro.

Reparação do dano no Código Penal

Tem-se batalhado muito por uma ampla "humanização da pena" (do criminoso), nada se fazendo no sentido de "humanização das vítimas dos delitos", até agora, inteiramente esquecidas, não obstante, os vários Congressos realizados para esse fim, independentemente de possível reparação material por conta do próprio criminoso.

Esta reparação do dano decorrente do delito era tradição no Direito Brasileiro, tendo em vista que no Código Criminal do Império, no Art. 21, dispunha que "o delinqüente satisfará o dano que causar com o delito". No Código de Processo Criminal Brasileiro, de 1832, impunha ao juiz a formulação, ao Conselho de Sentença, o seguinte: "se há lugar à indenização". Entretanto, a Lei 261, de 03.12.1841, revogou expressamente esses dispositivos, distinguindo a matéria criminal da civil, estabelecendo que a indenização deva ser demandada no juízo cível. Esse dispositivo, com ligeira alteração, foi transladado para o vigente Código Civil Brasileiro, que, em seu Art. 1525, preceitua que "a responsabilidade civil é independente da criminal; não se poderá, porém, questionar mais sobre a existência do fato, ou quem seja o autor, quando estas questões se acharem decididas no crime".

O atual Código Penal Brasileiro, de 1940, praticamente silencia no que concerne à pessoa da vítima. Com a nova redação imposta pela Lei 7209, de 11.07.1984, o atual Código estabelece no nº I do seu Art. 91, que é efeito da condenação "tornar certa a obrigação de indenizar o dano causado pelo crime", tratando-se, assim, de efeito extrapenal genérico da condenação, conhecida por "actio civilis ex delicto".

A grande maioria das vítimas não tem conhecimento e não fazem uso de seu direito de reparos pelos danos sofridos. As vítimas de crimes têm direito de indenização do prejuízo sofrido, é só procurar o Ministério Público para ajuizar uma ação civil, pois, em nosso ordenamento jurídico predomina o princípio da independência entre uma ação penal e uma ação civil, assim sendo, a responsabilidade civil independe da criminal, mesmo se o agente for absolvido no Juízo Criminal. Contudo, tratando-se de crime, ainda que ocorra o ressarcimento, restituição ou reintegração do dano, não impede o prosseguimento da ação penal. Há casos que independem da ação penal, somente torna-se necessário ajuizar ação na área cível, como por exemplo: nas inundações e alagamentos, interrupção de energia elétrica por longo tempo, buracos nas vias públicas que causam danos nos veículos e até em pedestres.

Apesar do Código Penal não tratar da reparação do dano sofrido pela vítima, ou seja, sua compensação, a não ser por uma ação cível, traz vários artigos que para benefício do delinqüente há necessidade do ressarcimento do dano causado à vítima ou demonstrar a participação eficaz da vítima no acontecimento. Vamos descrever os artigos onde estão mencionados os termos *vítima*:

Art. 9º do C.P. = A sentença estrangeira, quando a aplicação da lei brasileira produz na espécie as mesmas conseqüências, podem ser homologadas no Brasil para:

I- obrigar o condenado à reparação do dano, a restituições e a outros efeitos civis;

Art. 16 do C.P. = "Nos crimes cometidos sem violência ou grave ameaça à pessoa, reparado o dano ou restituída a coisa, até o recebimento da denúncia ou da queixa, por ato voluntário do agente, a pena será reduzida de um a dois terços";

Art. 65. inciso III, alínea "b" C.P. = "procurado, por espontânea vontade e com eficiência, logo após o crime, evitar-lhe ou minorar-lhe as conseqüências, ou ter, antes do julgamento, reparado o dano";

Art. 78 § 2° do C.P. = "se o condenado houver reparado o dano";

Art. 81. inciso II do C.P. = "frustra, embora solvente, a execução de pena de multa ou não efetua, sem motivo justificado, a reparação do dano; (Revogação do"sursis");

Art. 83. inciso IV do C.P. = "tenha reparado, salvo efetiva impossibilidade de fazê-lo, o dano causado pela infração"; (Impedimento da concessão do Livramento Condicional);

Art. 91. inciso I do C.P. = "tornar certa a obrigação de indenizar o dano causado pelo crime": (Efeito da condenação tornando obrigatória a indenização pelo dano causado pelo crime);

Art. 94. inciso III do C.P. = Impedimento do requerimento de reabilitação;

Art. 107. inciso VII e VIII do C.P. = Casamento do agente e de terceiros com a vitima;

Art. 122. Parágrafo Único, II = Se a vítima é menor ou tem diminuída, por qualquer causa, a capacidade de resistência;

Art. 133. § 3°, II = se o agente é ascendente ou descendente, cônjuge, irmão, tutor ou curador da vítima (Abandono de Incapaz - Aumento de Pena);

Art. 148. § 1°, II = se o crime é praticado mediante internação da vítima em casa de saúde ou hospital (Seqüestro e Cárcere Privado);

Art. 157, § 2°, V = se o agente mantém a vítima em seu poder, restringindo sua liberdade (Roubo - Aumento de Pena);

Art. 160 = Exigir ou receber, como garantia de dívida, abusando de situação de alguém, documento que pode dar causa a procedimento criminal contra a vítima ou contra terceiros (Extorsão Indireta);

Art. 163, Parágrafo Único, IV = por motivo egoístico ou com prejuízo considerável para a vítima (Dano Qualificado);

Art. 171, parágrafo 2°, inciso VI do C.P. = Estelionato -

Emissão de cheque sem fundos - Pagamento antes da denúncia – Súmula 554;

Art. 220 = Rapto Consensual;

Art. 221 = É diminuída de um terço a pena, se o rapto é para fim de casamento, e de metade, se o agente, sem ter praticado com a vítima qualquer ato libidinoso, a restitui à liberdade ou a coloca em lugar seguro, à disposição da família;

Art. 224 = Presume-se a violência, se a vítima: a) não é maior de catorze anos: b) é alienada ou débil mental, e o agente conhecia esta circunstância: c) não pode, por qualquer outra causa, oferecer resistência;

Art. 225 = A Ação Penal é Pública: I = se a vítima ou seus pais não podem prover às despesas do processo, sem privar-se de recursos indispensáveis à manutenção própria ou da família:

II- se o crime é cometido com abuso do pátrio poder, ou da qualidade de padrasto, tutor ou curador;

Art. 226, II = se o agente é ascendente, pai adotivo, padrasto, irmão, tutor ou curador, preceptor ou empregador da vítima ou por qualquer outro título tem autoridade sobre ela (Aumento de Pena);

Art. 227 § 1º = se a vítima é maior de catorze e menor de dezoito anos, ou se o agente é seu ascendente, descendente, marido, irmão, tutor ou curador ou pessoa a que esteja confiada para fins de educação, de tratamento ou de guarda (Mediação para Servir a Lascívia de Outrem);

Art. 312, parágrafo 3º: "no caso do parágrafo anterior (peculato culposo), a reparação do dano, se precede à sentença irrecorrível, extingue a punibilidade, se lhe é posterior, reduz de metade a pena imposta";

Lei nº 9099/95 - Juizados Especiais Cíveis e Criminais - Art. 72 "...o Juiz esclarecerá sobre a possibilidade da composição dos danos..."; e Art. 89 "... condição para o Juiz suspender o processo... I-reparação do dano..."

Lei Estadual nº 10.354/99, regulamentada pelo Decreto nº 44.214/99, garante proteção às vítimas e testemunhas de violência.

No Código Civil, também encontramos dispositivos referentes à reparação de dano em vários crimes, entre eles, no homicídio (art.1537), lesões corporais (art.1538), crimes contra a honra (1547), crimes de estupro, sedução e rapto (art.1548). Reza nos termos do art.159 do Código Civil, o seguinte: "aquele que, por ação ou omissão voluntária, negligência ou imprudência, violar direito ou causar prejuízo a outrem, fica obrigado a reparar o dano".

Existe ainda os crimes de incêndio, explosão, inundação e desabamento que ocasionam inúmeras vítimas fatais e prejuízos enormes a estabelecimentos comerciais e industriais, de responsabilidade, muitas vezes, do próprio Estado.

Depreende-se desses artigos que a vítima está presente na conduta do agente ativo (criminoso), vez, como contribuindo para o resultado final, vez, sofrendo as conseqüências do processo vitimizatório.

Programas de assistência ás vítimas

Emprestando o trabalho e as pesquisas realizadas pelo nobre Delegado de Polícia, Dr. José Carlos Gomes, professor da Academia de Polícia de São Paulo e de várias faculdades, com respeito aos programas existentes de assistência às vítimas:

- *Educativos.* O seu objetivo é informar ao público sobre os serviços disponíveis às vítimas de delitos. Esses serviços estão quase sempre relacionados com outros programas informativos sobre a prevenção do delito.

- *Assistência Social.* Procuram remediar os problemas emocionais e as necessidades sociais da vítima, retirando a solução desses problemas das mãos da polícia.

- *Auxílio às Testemunhas.* Visam à prestação de ajuda às testemunhas que ficam vinculadas a um processo legal. Incluem informação básica (funcionamento do sistema etc), informação particular sobre o seu caso e a etapa do processo, coordenação de testemunhas para diminuir o tempo perdido e outras formas de apoio, como melhorias nas salas de espera, cuidado de crianças e transporte.

- *Compensação por Perdas Sofridas.* Compreendem a legislação e ajuda para a recuperação de sua propriedade ou para obter compensação por parte do delinqüente ou do Estado pelas suas perdas.

- *Favorecimento.* Sobre mudanças legislativas, de procedimento ou atitude em relação às vítimas. (Revista da Associação dos Delegados de Polícia do Estado de São Paulo).

Proposta de fundos para reparação do dano

Continuando ainda com o mesmo autor, o qual com o fim de amenizar os prejuízos sofridos pelas vítimas de delitos na área penal, nos oferece proposta de fundos para reparação do dano, como segue:

Fundos para Reparação do Dano

I-) *Fundos públicos* - Estabelecer programas de Fundos de Assistência à Vítima;

II-) *Fundos privados institucionais* - Idéias para criação de institutos de fundos privados.

Ex. Advogados que não defendem bem a vítima, erros médicos, engenheiros que deixam ruir as construções. Amenizaria a reparação com o fundo.

Vítima no Código Penal

No Código Penal e no Código de Processo Penal pátrio vigente, encontramos o termo *vítima, ofendido e lesado*, mencionados por inúmeras vezes. Fazemos esta distinção do *agente passivo* pelo motivo que na doutrina usa-se a terminologia *vítima*, para designar aquele que o foi nos crimes contra a pessoa; já o termo *ofendido*, nos crimes contra a honra e contra os costumes e, por fim, *lesado*, nos crimes contra o patrimônio. Em seguida, vamos descrever os artigos que mencionam as expressões, *vítima, ofendido e lesado*, nos dois códigos, simplesmente para demonstrarmos o entrosamento da vítima nas legislações atuais.

Como Vítima:

Art.20. Erro sobre elementos do tipo.

§ 3° O erro quanto à pessoa contra a qual o crime é praticado não isenta de pena. Não se consideram, neste caso, as condições ou qualidades da *vítima*, senão as da pessoa contra quem o agente queria praticar o crime.

Art.59. Fixação da pena.

O juiz atendendo à culpabilidade, aos antecedentes, à conduta social, à personalidade do agente, aos motivos, às circunstâncias e conseqüências do crime, bem como ao comportamento da *vítima,* estabelecerá, conforme seja necessário e suficiente para reprovação e prevenção do crime...

Art.65. Circunstâncias atenuantes.

São circunstâncias que sempre atenuam a pena:

III - ter o agente

c) cometido o crime sob coação a que podia resistir, ou em cumprimento de ordem de autoridade superior, ou sob a influência de violenta emoção, provocada por ato injusto da *vítima*;

Art.71. Crime continuado.

Quando o agente, mediante mais de uma ação ou omissão, pratica dois ou mais crimes, da mesma espécie e, pelas condições de tempo, lugar, maneira de execução e outras semelhantes, devem os subseqüentes ser havido como continuação do primeiro, aplica-se lhe a pena de um só dos crimes, se idênticas, ou a mais grave, se diversas, aumentada, em qualquer caso, de um sexto a dois terços.

Parágrafo único. Nos crimes dolosos, contra *vítimas* diferentes...

Art.94. Reabilitação.

III - tenha ressarcido o dano causado pelo crime ou demonstre a absoluta impossibilidade de o fazer, até o dia do pedido, ou exiba documento que comprove a renúncia da *vítima* ou novação da dívida.

Art.107. Extinção da punibilidade.

Extingue-se a punibilidade:

VII- pelo casamento do agente com a *vítima*, nos crimes contra os costumes...

VIII- pelo casamento da *vítima* com terceiros...

Art.121. Homicídio simples

Matar alguém:

§ 1º Se o agente comete o crime impelido por motivo de relevante valor social ou moral, ou sob o domínio de violenta emoção, logo em seguida a injusta provocação da *vítima*...

No homicídio culposo, a pena é aumentada de um terço, se o crime resulta de inobservância de regra técnica de profissão, arte ou ofício, ou se o agente deixa de prestar imediato socorro à *vítima*...

Art.122. Induzimento, instigação ou auxílio a suicídio.

II - se a *vítima* é menor ou tem diminuído, por qualquer causa, a capacidade de resistência.

Art.129. Lesão corporal.

§ 4º Se o agente comete o crime impelido por motivo de relevante valor social ou moral ou sob o domínio de violenta emoção, logo em seguida a injusta provocação da *vítima*, o juiz pode reduzir a pena de um sexto a um terço.

Art.133. Abandono de incapaz.

§ 3º Se o agente é ascendente ou descendente, cônjuge, irmão, tutor ou curador da *vítima*.

Art.148. Seqüestro e cárcere privado.

§ 2º Se resulta à *vítima*, em razão de maus tratos ou da natureza da detenção, grave sofrimento físico ou moral:

Art.157. Roubo - pena aumentada.

III - se a *vítima* está em serviço de transporte de valores e o agente conhece tal circunstância....

V - se o agente mantém a vítima em seu poder, restringindo sua liberdade.

Art.160. Extorsão indireta.

Exigir ou receber, como garantia de dívida, abusando da situação de alguém, documento que pode dar causa a procedimento criminal contra a *vítima* ou contra terceiro.

Art.163. Dano qualificado.

Parágrafo único. Se o crime é cometido:

IV - por motivo egoístico ou com prejuízo considerável para a *vítima.*

Art.221. Diminuição de pena.

É diminuída de um terço a pena, se rapto é para fim de casamento, e de metade, se o agente, sem ter praticado com a *vítima* qualquer ato libidinoso, a restitui à liberdade ou a coloca em lugar seguro, à disposição da família.

Art.224. Presunção de violência.

Presume-se a violência, se a *vítima*:

a) não é maior de 14 (catorze) anos;

b) é alienada ou débil mental, e o agente conhecia esta circunstância;

c) não pode, por qualquer outra causa, oferecer resistência.

Art. 225. Ação Penal.

Nos crimes definidos nos capítulos anteriores, somente se procede mediante queixa.

§ **1°** Procede-se, entretanto, mediante ação pública:

I - se a *vítima* ou seus pais não podem prover às despesas do processo, sem privar-se de recursos indispensáveis à manutenção própria ou da família;

Art. 226. Aumento de pena.

A pena é aumentada de quarta parte:

II - se o agente é ascendente, pai adotivo, irmão, tutor ou curador, preceptor ou empregador da *vítima* ou por qualquer outro título tem autoridade sobre ela;

Art.227. Mediação para servir a lascívia de outrem

Induzir alguém a satisfazer a lascívia de outrem:

§ **1°** Se a *vítima* é maior de 14 (catorze) e menor de 18 (dezoito) anos, ou se o agente é seu ascendente, descendente, marido, irmão, tutor ou curador ou pessoa a que esteja confiada para fins de educação, de tratamento ou de guarda;

Como Ofendido:

Art. 61. São circunstâncias que sempre agravam a pena, quando não constituem ou qualificam o crime:

II - Ter o agente cometido o crime:

d) à traição, de emboscada, ou mediante dissimulação, ou outro recurso que dificultou ou tornou impossível a defesa do *ofendido*;

f) quando o *ofendido* estava sob a imediata proteção da autoridade;

j) em ocasião de incêndio, naufrágio, inundação ou qualquer calamidade pública, ou de desgraça particular do *ofendido*;

Art.100. A ação penal é pública, salvo quando a lei expressamente a declara privativa do *ofendido*.

§ 1º A ação pública é promovida pelo Ministério Público, dependendo, quando a lei o exige, de representação do *ofendido* ou de requisição do Ministério da Justiça.

§ 2º A ação de iniciativa privada é promovida mediante queixa do *ofendido* ou de quem tenha qualidade para representá-lo.

§ 3º A ação de iniciativa privada pode intentar-se nos crimes de ação pública, se o Ministério Público não oferece denúncia no prazo legal.

§ 4º No caso de morte do *ofendido* ou de ter sido declarado ausente por decisão judicial, o direito de oferecer queixa ou de prosseguir na ação passa ao cônjuge, ascendente, descendente ou irmão.

Art.103. Salvo disposição expressa em contrário, o *ofendido* decaído do direito de queixa ou de representação se não o exerce dentro do prazo de 6 (seis) meses, contado do dia em que veio a saber quem é o autor do crime, ou, no caso do § 3º do Art. 100 deste Código, do dia em que se esgota o prazo para oferecimento da denúncia.

Art.104. O direito de queixa não pode ser exercido quando renunciado expressa ou tacitamente.

Parágrafo único. Importa renúncia tácita ao direito de queixa a prática de ato incompatível com a vontade de exercê-lo; não a implica, todavia, o fato de receber o *ofendido* a indenização do dano causado pelo crime.

Art.105. O perdão do *ofendido*, nos crimes em que somente se procede mediante queixa, obsta ao prosseguimento da ação.

Art.106. O perdão, no processo ou fora dele, expresso ou tácito:

I – se concedido por um dos querelados, a todos aproveita;

II – se concedido por um dos *ofendidos*, não prejudica o direito dos outros;

III – se o querelado o recusa, não produz efeito.

§1° Perdão tácito é o que resulta da prática de ato incompatível com a vontade de prosseguir não ação.

§2° Não é admissível o perdão depois que passa em julgado a sentença condenatória.

Art.107. Extingue-se a punibilidade:

VIII – pelo casamento da *vítima* com terceiro, nos crimes referidos no inciso anterior, se cometidos sem violência real ou grave ameaça e desde que a *ofendida* não requeira o prosseguimento do inquérito policial ou da ação penal no prazo de 60 (sessenta) dias a contar da celebração.

Art.121. Matar alguém:

Pena: reclusão, de 6 (seis) a 20 (vinte) anos.

§2° Se o homicídio é cometido:

IV – à traição, de emboscada, ou mediante dissimulação ou outro recurso que dificulte ou torne impossível a defesa do *ofendido*.

Art.138. Caluniar alguém, imputando-lhe falsamente fato definido como crime:

Pena: detenção, de 6 (seis) meses a 2 (dois) anos, e multa.

Exceção da verdade

§3° Admite-se a prova da verdade, salvo:

I - se, constituindo o fato imputado crime de ação privada, o *ofendido* não foi condenado por sentença irrecorrível;

III – se do crime imputado, embora de ação pública, o *ofendido* foi absolvido por sentença irrecorrível.

Art.139. Difamar, alguém, imputando-lhe fato ofensivo à sua reputação:

Pena: detenção, de 3 (três) meses a 1 (um) ano, e multa.

Parágrafo único. A exceção da verdade somente se admite se o *ofendido* é funcionário público e a ofensa é relativa ao exercício de suas funções.

Art.140. Injuriar, alguém, ofendendo-lhe a dignidade ou o decoro:

§1º O juiz pode deixar de aplicar a pena:

I - quando o *ofendido*, de forma reprovável, provocou diretamente a injúria;

Art.144. Se, de referências, alusões ou frases, se infere calúnia, difamação ou injúria, quem se julga *ofendido* pode pedir explicações em juízo. Aquele que se recusa a dá-las ou, a critério do juiz, não as dá satisfatória, responde pela ofensa.

Art.145. Nos crimes previstos neste Capítulo somente se procede mediante queixa, salvo quando, no caso do Art.140, § 2º, da violência resulta lesão corporal.

Parágrafo único. Procede-se mediante requisição do Ministro da Justiça, no caso do nº I do Art. 141, e mediante representação do *ofendido*, no caso do nº II do mesmo artigo.

Art.216. Induzir mulher honesta, mediante fraude, a praticar ou permitir que com ela se pratique ato libidinoso diverso da conjunção carnal:

Pena: reclusão, de 1 (um) a 2 (dois) anos.

Parágrafo único. Se a *ofendida* é menor de 18 (dezoito) e maior de 14 (catorze) anos.

Pena: reclusão, de 2 (dois) a 4 (quatro) anos.

Art.240. Cometer adultério:

Pena: detenção, de 15 (quinze) dias a 6 (seis) meses.

§2º A ação penal somente pode ser intentada pelo cônjuge *ofendido*, e dentro de 1 (um) mês após o conhecimento do fato.

Nessa rápida visão extraída do Código Penal vê-se o cuidado e o amparo dispensado pelo legislador a respeito da vítima, mas também, ao dosar a pena ao agente ativo do crime, leva em consideração o "comportamento da vítima" na ação praticada, demonstrando ter ciência da influência da vítima no resultado do crime.

Ainda com esse pensamento, o legislador redigiu o artigo 16 com o seguinte teor: "Nos crimes cometidos sem violência ou grave ameaça à pessoa, reparado o dano ou restituído a coisa, por ato voluntário do agente, a pena será reduzida de um a dois terços".

Conclui-se dessa norma que o legislador teve a intenção de incentivar a reparação danosa após a prática do crime, com o fim de beneficiar a vítima e aliviar a pena aplicada, num intento de apaziguar ambos lados e tentar levar harmonia no meio social em que vivem, fatos esses, que deve ser propagado e estimulado no seio da sociedade. Além do mais, essa atitude do agente ativo demonstra um certo amadurecimento moral e emocional que levará a vítima, por certo, a perdoá-lo.

O Código Penal é de 1940 e foi alterado pela Lei nº 7209, de 11.07.84, prevendo expressamente em seu Art. 59, para efeito de fixação de pena, que o Juiz atenda, ao "comportamento da vítima".

Vítima no código de processo penal

Em seguida, ainda com o fim elucidativo, registramos agora os artigos do Código de Processo Penal relacionados com a *vítima,* também muitas vezes chamadas de *ofendido*, nos casos de crimes contra a honra e de *lesado*, nos crimes contra o patrimônio, a qual é titular do bem jurídico tutelado que sofre as conseqüências do fato danoso.

Como Ofendido:

Art. 5º Nos crimes de ação pública o inquérito policial será iniciado: II – mediante requisição da autoridade judiciária ou do Ministério Público, ou a requerimento do ofendido ou de quem tiver qualidade para representá-lo.

Art.6º Logo que tiver conhecimento da prática da infração penal, a autoridade policial deverá:

IV - ouvir o *ofendido* ;

Art. 14. O ofendido, ou seu representante legal, e o indiciado poderão requerer diligências, que será realizada, ou não, a juízo da autoridade.

Art. 19. Nos crimes em que não couber ação pública, os autos do inquérito serão remetidos ao juízo competente, onde aguardarão a iniciativa do *ofendido* ou de seu representante legal, ou serão entregues ao requerente, se o pedir, mediante translado.

Art. 24. Nos crimes de ação pública, esta será promovida por denúncia do Ministério Público, mas dependerá, quando a lei o exigir de requisição do Ministério da Justiça, ou de representação do *ofendido* ou quem tiver qualidade para representá-lo.

§ 1º No caso de morte do *ofendido* ou quando declarado ausente por decisão judicial, o direito de representação passará ao cônjuge ascendente, descendente ou irmão.

Art. 30. Ao *ofendido* ou quem tenha qualidade para representá-lo caberá intentar a ação privada.

Art. 31. No caso de morte do *ofendido* ou quando declarado ausente por decisão judicial, o direito de oferecer queixa ou prosseguir na ação passará ao cônjuge, ascendente, descendente ou irmão.

Art. 32. Nos crimes de ação privada, o juiz, a requerimento da parte que comprovar a sua pobreza, nomeará advogado para promover a ação penal.

§ 2º Será prova suficiente de pobreza o atestado da autoridade policial em cuja circunscrição residir o *ofendido.*

Art. 33. Se o *ofendido* for menor de 18 (dezoito) anos, ou mentalmente enfermo, ou retardado mental, e não tiver representante legal ou colidirem os interesses deste com os daquele, o direito de queixa poderá ser exercido por curador especial, nomeado, de ofício ou requerimento do Ministério Público, pelo juiz competente para o processo penal.

Art. 34. Se o *ofendido* for menor de 21 (vinte e um) e maior de 18 (dezoito) anos, o direito de queixa poderá ser exercido por ele ou por seu representante legal.

Art. 38. Salvo disposição em contrário, o *ofendido*, ou seu representante legal, decairá no direito de queixa ou de representação...

Art. 39.

§ 1º A representação feita oralmente ou por escrito, sem assinatura devidamente autenticada do *ofendido*, de seu representante legal ou procurador.

Art. 45. A queixa, ainda quando a ação penal for privativa do *ofendido*, poderá ser aditada pelo Ministério Público, a quem caberá intervir em todos os termos subseqüentes do processo.

Art. 50. A renúncia expressa constará de declaração assinada pelo *ofendido*, por seu representante legal ou procurador com poderes especiais.

Art. 63. Transitada em julgado a sentença condenatória, poderão promover-lhe a execução, no juízo cível, para efeito da reparação do dano, o *ofendido*, seu representante legal ou seus herdeiros.

Art. 127. O juiz, de ofício, a requerimento do Ministério Público ou do *ofendido*, ou mediante representação da autoridade policial, qualquer fase do processo ou ainda antes de oferecida a denúncia ou queixa.

Art. 134. A hipoteca legal sobre os imóveis do indiciado poderá ser requerida pelo *ofendido* em qualquer fase do processo, desde que haja certeza da infração e indícios suficientes da autoria.

Art. 140. As garantias do ressarcimento do dano alcançarão também as despesas processuais e as penas pecuniárias, tendo preferência sobre estas a reparação do dano ao *ofendido*.

Art. 142. Caberá ao Ministério Público promover as medidas estabelecidas nos arts. 134 e 137, se houver interesse da Fazenda Pública, ou se o *ofendido* for pobre e o requerer.

Art. 201. Sempre que possível, o *ofendido* será qualificado e perguntado sobre as circunstâncias da infração...

Parágrafo único. Se, intimado para esse fim, deixar de comparecer sem motivo justo, o *ofendido* poderá ser conduzido à presença da autoridade.

Art. 229. A acareação será admitida entre acusados, entre acusado e testemunha, entre testemunhas, entre acusado ou testemunha e a pessoa *ofendida*, e entre as pessoas *ofendidas,* sempre que divergirem, em suas declarações, sobre fatos ou circunstâncias relevantes.

Art. 268. Em todos termos da ação pública, poderá intervir como assistente do Ministério Público, o *ofendido* ou seu representante legal, ou, na falta, qualquer das pessoas mencionadas no Art. 31.

Art. 526. Sem a prova de direito à ação, não será recebida a queixa, nem ordenada qualquer diligência preliminarmente requerida pelo *ofendido.*

Art. 529. Nos crimes de ação privativa do *ofendido*, não será admitida queixa com fundamento em apreensão e em perícia, se decorrido o prazo de 30 (trinta) dias, após a homologação do laudo.

Parágrafo único. Será dada vista ao Ministério Público dos autos de busca e apreensão requeridas pelo *ofendido*, se o crime for de ação pública e não tiver sido oferecida queixa no prazo fixado neste artigo.

Art. 598. Nos crimes de competência do Tribunal de Júri, ou do juiz singular, se da sentença não for interposta apelação pelo Ministério Público no prazo legal, o *ofendido* ou qualquer das pessoas enumeradas no Art. 31, que ainda não se tenha habilitado como assistente, poderá interpor apelação, que não terá, porém, efeito suspensivo.

Como Lesado:

Art. 119. As coisas a que se referem os arts. 74 e 100 do Código Penal não poderão ser restituídas, mesmo depois de transitar em julgado a sentença final, salvo se pertencerem ao *lesado* ou a terceiro de boa-fé.

Art. 122.

Parágrafo único. Do dinheiro apurado será recolhido ao Tesouro Nacional o que não couber ao *lesado* ou a terceiro de boa-fé.

Como Vítima:

Art. 188. O réu será perguntado sobre o seu nome... e, depois de cientificado da acusação, será interrogado sobre:

III - se conhece a *vítima* e as testemunhas já inquiridas ou por inquirir, e desde quando, e se tem o que alegar contra elas;

Art. 240. A busca será domiciliar ou pessoal.

§ 1º Proceder-se-á à busca domiciliar, quando fundadas razões a autorizarem, para:

g) apreender pessoas *vítimas* de crimes;

Art. 458. Antes do sorteio do conselho de sentença, o juiz advertirá os jurados dos impedimentos constantes do Art. 462, bem como das incompatibilidades legais por suspeição, em razão de parentesco com o juiz, com o promotor, com o advogado, em razão de parentesco com a *vítima*, na forma do disposto neste Código sobre os impedimentos ou a suspeição dos juízes togados.

Normas de proteção às vítimas

A evolução da tecnologia no mundo trouxe mais aparatos sofisticados para combater a criminalidade, entretanto, a criminalidade também aprimorou as suas táticas e a mesma cresceu e o perfil dos bandidos mudou. Atualmente, além dos crimes de menor potencialidade, já existentes em todas as épocas, surgiram os crimes organizados, de potencialidade assustadora pela periculosidade dos seus membros, não só para a população já sofrida, mas de alcance da ordem político-social, pois movimentam quantias de dinheiro enorme e para exaurir tal delito nada lhe fazem sombra.

Ora, quando são pilhados em suas ações, há necessidades dos depoimentos das vítimas e testemunhas para que sejam condenados, ocorrendo aí a dificuldade, pelo motivo que outros membros da quadrilha do crime organizado apelam com ameaças sobre essas vítimas e testemunhas, no sentido de não confirmarem, em juízo, seus depoimentos registrados na Polícia Civil, beneficiando os integrantes do crime organizado.

Com mais essa vitimização da sociedade e o grande movimento de dinheiro ilícito que correm em mãos de meliantes perigosos, levou o Congresso Nacional a um novo diploma legal, a Lei nº 9807, de 13 de julho de 1999, que estabelece normas para a organização e a manutenção de programas especiais de proteção a vítimas e a testemunhas ameaçadas, instituindo o Programa Federal de Assistência a Vítimas e a Testemunhas Ameaçadas, e dispõe ainda, sobre a proteção de acusados ou condenados que tenham, voluntariamente, prestado efetiva colaboração à investigação policial e ao processo criminal, conforme a seguir registramos:

Capítulo I

Da proteção Especial a Vítimas e a Testemunhas

Art. 1º As medidas de proteção requeridas por vítimas ou por testemunhas de crimes que estejam coagidas ou expostas a grave ameaça em razão de colaborarem com a investigação ou processo criminal serão prestadas pela União, pelos Estados e pelo Distrito Federal, no âmbito das respectivas competências, na forma de programas especiais organizados com base nas disposições desta Lei.

§ 1º A União, os Estados e o Distrito Federal poderão celebrar convênios, acordos, ajustes ou termos de parceria entre si ou com entidades não-governamentais objetivando a realização dos programas.

§ 2º A supervisão e a fiscalização dos convênios, acordos, ajustes e termos de parceria de interesse da União ficarão a cargo do órgão do Ministério da Justiça com atribuições para a execução da política de direitos humanos.

Art. 2º A proteção concedida pelos programas e as medidas dela decorrentes levarão em conta a gravidade da coação ou da ameaça à integridade física ou psicológica, a dificuldade de preveni-las ou reprimi-las pelos meios convencionais e a sua importância para a produção da prova.

§ 1º A proteção poderá ser dirigida ou estendida ao cônjuge ou companheiro, ascendentes, descendentes que tenham convivência habitual com a vítima ou testemunha, conforme o especificamente necessário em cada caso.

§ 2º Estão excluídos da proteção os indivíduos cuja personalidade ou conduta seja incompatível com as restrições de comportamento exigidas pelo programa, os condenados que estejam cumprindo pena e os indiciados ou acusados sob prisão cautelar em qualquer de suas modalidades. Tal exclusão não trará prejuízo a eventual prestação de medidas de preservação da integridade física desses indivíduos por parte dos órgãos de segurança pública.

§ 3º O ingresso no programa, as restrições de segurança e demais medidas por ele adotadas terão sempre a anuência da pessoa protegida, ou de seu representante legal.

§ 4º Após ingressar no programa, o protegido ficará obrigado ao cumprimento das normas por ele prescritas.

§ 5º As medidas e providências relacionadas com os programas serão adotadas, executadas em sigilo pelos protegidos e pelos agentes envolvidos em sua execução.

Art. 3º Toda admissão no programa ou exclusão dele será precedida de consulta ao Ministério Público sobre o disposto no art. 2º e deverá ser subseqüentemente comunicada à autoridade policial ou ao juiz competente.

Art. 4º Cada programa será dirigido por um conselho deliberativo em cuja composição haverá representantes do Ministério Público, do Poder Judiciário e de órgãos públicos e privados relacionados com a segurança pública e a defesa dos direitos humanos.

§ 1º A execução das atividades necessárias ao programa ficará a cargo de um dos órgãos representados no conselho deliberativo, devendo os agentes dela incumbidas ter formação e capacitação profissional compatível com suas tarefas.

§ 2º Os órgãos policiais prestarão a colaboração e o apoio necessários à execução de cada programa.

Art. 5º A solicitação objetivando ingresso no programa poderá ser encaminhada ao órgão executor:

I – pelo interessado;

II – por representante do Ministério Público;

III – pela autoridade policial que conduz a investigação criminal;

IV-- pelo juiz competente para a instrução do processo criminal;

V- por órgãos públicos e entidades com atribuições de defesa dos direitos humanos.

§ 1º A solicitação será instruída com a qualificação da pessoa a ser protegida e com informações sobre a sua vida pregressa, o fato delituoso e a coação ou ameaça que a motiva.

§ 2º Para fins de instrução do pedido, o órgão executor poderá solicitar, com a aquiescência do interessado:

I – documentos ou informações comprobatórios de sua identidade, estado civil, situação profissional, patrimônio e grau de instrução, e da pendência de obrigações civis, administrativas, fiscais, financeiras ou penais;

II – exames ou pareceres técnicos sobre a sua personalidade, estado físico ou psicológico.

§ 3º Em caso de urgência e levando em consideração a procedência, gravidade e a iminência da coação ou ameaça, a vítima ou testemunha poderá ser colocada provisoriamente sob a custódia de órgão policial, pelo órgão executor, no aguardo de decisão do conselho deliberativo, com a comunicação imediata a seus membros e ao Ministério Público.

Art. 6º O conselho deliberativo decidirá sobre:

I – o ingresso do protegido no programa ou a sua exclusão;

II – as providências necessárias ao cumprimento do programa.

Parágrafo único. As deliberações do conselho serão tomadas por maioria absoluta de seus membros e sua execução ficará sujeita à disponibilidade orçamentária.

Art. 7º Os programas compreendem, dentre outras, as seguintes medidas, aplicáveis isolada ou cumulativamente em benefício da pessoa protegida, segundo a gravidade e as circunstâncias de cada caso.

I – segurança na residência, incluindo o controle de telecomunicações;

II – escolta e segurança nos deslocamentos da residência, inclusive para fins de trabalho ou para a prestação de depoimentos;

III – transferência de residência ou acomodação provisória em local compatível com a proteção;

IV – preservação da identidade, imagem e dados pessoais;

V – ajuda financeira mensal para prover as despesas necessárias à subsistência individual ou familiar, no caso de a pessoa protegida estar impossibilitada de desenvolver trabalho regular ou de inexistência de qualquer fonte de renda;

VI – suspensão temporária das atividades funcionais, sem prejuízo dos respectivos vencimentos ou vantagens, quando servidor público ou militar;

VII – apoio e assistência social, médica e psicológica;

VIII – sigilo em relação aos atos praticados em virtude da proteção concedida;

IX – apoio do órgão executor do programa para o cumprimento de obrigações civis e administrativas que exijam o comparecimento pessoal.

Parágrafo único. A ajuda financeira mensal terá um teto fixado pelo conselho deliberativo no início de cada exercício financeiro.

Art. 8º Quando entender necessário, poderá o conselho deliberativo solicitar ao Ministério Público que requeira ao juiz a concessão de medidas cautelares direta ou indiretamente relacionadas com a eficácia da proteção.

Art. 9º Em casos excepcionais e considerando as características e gravidade da coação ou ameaça, poderá o conselho deliberativo encaminhar requerimento da pessoa protegida ao juiz competente para registros públicos objetivando a alteração de nome completo.

§ 1º A alteração de nome completo poderá estender-se às pessoas mencionadas no § 1º do Art. 2º desta Lei, inclusive aos filhos menores, e será precedida das providências necessárias ao resguardo de direitos de terceiros.

§ 2º O requerimento será sempre fundamentado e o juiz ouvirá previamente o Ministério Público, determinando, em seguida, que o procedimento tenha rito sumaríssimo e corra em segredo de justiça.

§ 3º Concedida a alteração pretendida, o juiz determinará na sentença, observando o sigilo indispensável à proteção do interessado.

I – A averbação no registro original de nascimento da menção de que houve alteração de nome completo em conformidade com o estabelecido nesta Lei, com expressa referência à sentença autorizatória e ao juiz que a exarou e sem a aposição do nome alterado;

II – A determinação aos órgãos competentes para o fornecimento dos documentos decorrentes da alteração;

III – A remessa da sentença ao órgão nacional competente para o registro único de identificação civil, cujo procedimento obedecerá às necessárias restrições de sigilo.

§ 4º O conselho deliberativo, resguardado o sigilo das informações, manterá o controle sobre a localização do protegido cujo nome tenha sido alterado.

§ 5º Cessada a coação ou ameaça que deu causa à alteração, ficará facultado ao protegido solicitar ao juiz competente o retorno à situação anterior, com a alteração para o nome original, em petição que será encaminhada pelo conselho deliberativo e terá manifestação prévia do Ministério Público.

Art. 10. A exclusão da pessoa protegida de programa de proteção a vítimas e a testemunhas poderá ocorrer a qualquer tempo:

I - Por solicitação do próprio interessado;

II - Por decisão do conselho deliberativo, em conseqüência de:

a) cessação dos motivos que ensejaram a proteção;

b) conduta incompatível do protegido.

Art. 11. A proteção oferecida pelo programa terá a duração máxima de 2 (dois) anos.

Parágrafo único. Em circunstâncias excepcionais, perdurando os motivos que autorizam a admissão, a permanência poderá ser prorrogada.

Art. 12. Fica instituído, no âmbito do órgão do Ministério da Justiça com atribuições para a execução da política de direitos humanos, o Programa Federal de Assistência a Vítimas e a Testemunhas Ameaçadas, a ser regulamentado por decreto do Poder Executivo.

Capítulo II

Da Proteção aos Réus Colaboradores

Art. 13. Poderá o juiz, de ofício ou a requerimento das partes, conceder o perdão judicial e a conseqüente extinção da punibilidade ao acusado que, sendo primário, tenha colaborado efetiva e voluntariamente com a investigação e o processo criminal, desde que dessa colaboração tenha resultado:

I - a identificação dos demais co-autores ou partícipes da ação criminosa;

Da reincidência

A respeito da reincidência criminal, no artigo 63 do Código Penal, reza o seguinte: "Verifica-se a reincidência quando o agente comete novo crime, depois de transitar em julgado a sentença que, no País ou no estrangeiro, o tenha condenado por crime anterior". Nesse sentido, será reincidente quem comete outro delito, depois de ter sido condenado por sentença transitada em julgado. A lei só reconhece duas espécies de delinqüentes, os *primários* e os *reincidentes*, sendo *primário* o agente que não tenha contra si a reincidência caracterizada. São lições que utilizamos neste capítulo do festejado mestre jurídico, Celso Delmanto (Código Penal Comentado. Edição Renovar. 1986) objetivando instruir nosso trabalho sobre a *vítima*.

Diante de tais afirmativas, fica claro que um indivíduo que tenha vários inquéritos assinados, bem como, várias denúncias processuais sem, contudo, possuir condenação transitada em julgado, é considerado *primário* e não *reincidente*. Assim, há diferença entre *antecedentes criminais*, que são os registros de seus indiciamentos em inquéritos policiais e a *reincidência*, que determina que o agente, pelo menos, deverá ter uma condenação transitada em julgado.

Todavia, os registros de antecedentes criminais da polícia, já demonstra a marcante periculosidade desses indivíduos, os quais não sentem qualquer constrangimento em entrar e sair das prisões, demonstrando claramente que somente restringir sua liberdade não vai corrigir suas tendências criminais.

Emprestando ainda lições dos irmãos Newton e Valter Fernandes, extraídas do livro Criminologia Integrada (Editora Revista dos Tribunais. 1995), assim nos fala: "...habita nesses delinqüentes recidivicantes empedernidos, uma força compulsiva, um potencial explosivo, endógeno (interno), liberado por um processo verdadeiramente mórbido. Eles são dotados de um poder irreversível de praticar o mal".

Tais indivíduos, infelizmente em grande número em nossos dias de transição, não apresentam qualquer carência de sentimento de culpa ou arrependimento em seus íntimos, pois agem mais por instinto que por cálculo e representam sério perigo para a sociedade quando em liberdade e, estando enclausurados, degeneram os demais na senda do crime.

São criminosos por tendência.

Throsten Sellin (Pioneering in Penology), em seus estudos, enumerou algumas situações que podem tornar o agente recidivo, entre eles:

- a idade-início do caminho da delinqüência (quanto menor, pior o prognóstico);
- o intervalo entre o primeiro fato criminoso e os subseqüentes (quanto menor, mais sério será o risco);
- o número de condenações precedentes (quanto mais volumoso, maior o risco);
- a natureza dos delitos (quanto mais delitos contra o patrimônio, pior sua situação);
- tipo de tratamento penitenciário recebido quando da primeira clausura (fator predominante na reincidência).

Além desses determinantes eclosivos recidivicantes, existem os psicológicos, emotivos e a capacidade intelectual, pois, em geral, são menos dotados intelectualmente.

Outro mestre, desta feita em Medicina Legal, Hilário Veiga de Carvalho (Os Criminosos e suas Classes. Compêndio de Criminologia), aponta como tratamentos básicos para evitar a reincidência criminal os seguintes pontos:

a) exame pluridimensional;

b) triagem;

c) tratamento prisional adequado e ressocializante, com assistência psicossocial e moral;

d) follow-up dedicado à melhor volta à convivência social, através de patronatos de egressos.

É sabido nos meios policiais e jurídicos que tais tratamentos eram efetivados pelo C.O.C. - Centro de Observação Criminológico -, atualmente quase desativado.

Deve-se levar em conta que atrás de qualquer delito encontra-se um personagem que é um agente intelectual, logo o crime torna-se o efeito de uma série de etapas restando o recurso da punição, levando-se em conta dois aspectos: o pagamento do delito, resultado de sua ação e a reeducação para o retorno ao convívio social.

Essa reeducação baseia-se em dois patamares: um objetivo, que seria trabalhar na reformulação dos seus hábitos, costumes e maneiras de convivência social; outro subjetivo, direcionada para a reforma de valores e do campo espiritual.

A reincidência é a agravante que produz maior número de efeitos desfavoráveis ao réu em sua condenação, bem como, em sua futura vida social, como magistralmente elucida o nosso colega e amigo, Doutor Bismael Batista Moraes, Professor da Faculdade de Direito de Guarulhos-SP e da Academia de Polícia do Estado de São Paulo, Mestre em Direito Processual pela Universidade de São Paulo: (Livro= Arquivos da Polícia Civil. Revista Tecno-Científica. Nº 46. Academia de Polícia Dr. Coriolano Nogueira Cobra):

"No que tange à reincidência, deve-se ter muito cuidado ao julgá-la como presunção de periculosidade, quando o próprio Estado, em verdade, também contribui para que ela ocorra. Nem sempre espelha a realidade do pensamento do grande mestre italiano Francesco Carrara, de que "aquele que delinqüe depois de ter sido condenado mostra desprezo pela lei e desprezo pelo magistrado" (Prof. Paulo José da Costa Jr. As Novas Leis Penais. Editora RT. 1977).

Para a esmagadora maioria dos integrantes da sociedade, consciente ou inconscientemente, o condenado será sempre visto com reserva. Pouco importa o tempo de pena que cumpriu, o crime que cometeu e o fato de ser um indivíduo regenerado, reeducado, religioso: a marca da condenação permanecerá sobre ele como um castigo perpétuo. O que se verifica, em se tratando do reincidente, é o seguinte: o seu passado não recomenda, suas chances são poucas.

É isso tão verdadeiro que, nos próprios concursos públicos de qualquer dos três Poderes (Executivo, Legislativo e Judiciário), por mais inteligente que seja o candidato, mesmo sendo altamente qualificado e demonstrando aptidão para o cargo ou a função a que se candidata, a *conditio sine qua non* para a assunção como servidor é a de não registrar antecedentes criminais. Por seu turno, acompanhando o exemplo do poder público, hoje, quase a totalidade das empresas privadas também evita de empregar em seus quadros quem tenha já cumprido pena.

Muitos falam do problema, mas, em atos, permanecem ausentes dele. Não haveria, nessa omissão, elementos de co-autoria nos seus resultados? Assim, não receber o egresso como pessoa curada penalmente, é reconhecer o fracasso no tratamento desenvolvido pelo próprio Estado, instituição a que é confiada tal incumbência".

2

Da Agressividade

O problema da agressividade é um dos mais sérios que a Humanidade vem sofrendo atualmente, devido ao momento de transição que passa o planeta e das conseqüentes transformações sociais que estamos vivendo, elevando as estatísticas de vítimas de violência a níveis nunca antes visto.

Alguns estudiosos no assunto asseveram que a agressividade e a violência fluem, principalmente, dos campos de guerra, onde os povos são obrigados a praticarem essas ações agressivas, sempre em favor da ambição e do egoísmo dos seus governantes, delineando naqueles que têm a felicidade de retornarem para a sua sociedade, verdadeiros *monstros*. Acrescemos ainda, que os soldados mortos em combates, ressentem das agressividades sofridas em seus próprios Espíritos, e dependendo do seu estágio evolutivo, também podem trazer influências espirituais agressivas no meio social.

Além desses exemplos, temos ainda as injustiças sociais referentes às classes sociais, onde pessoas, relegadas a própria sorte, vivem em posições subalternas, sobrevivendo em sórdidos ambientes, como favelas, cortiços e malocas, sofrendo enfermidades de todos os gêneros, até psíquicas, geradoras de ódios contra tudo e todos, fertilizante da violência e da agressividade.

Há certos casos em que o instinto de destruição inerente ainda no ser humano se apresente de forma patológica, assumindo tendências doentias conhecidas por *sadismo* (sente prazer na dor alheia) ou masoquismo (sente prazer no próprio sofrimento), são os chamados agentes portadores de sadomasoquismo, ou seja, sente tanto prazer na prática agressiva contra terceiros, quanto no autopadecimento. No período da infância já pode despontar a agressividade, momento que deve ser combatido com disciplina e educação para a corrigenda definitiva. Nesse campo, estudos demonstram que as máquinas de videogame, além de substituírem as amizades, tornam os adolescentes agressivos, levando a crer que a violência virtual pode ser um dos fatores da onda de crimes envolvendo jovens agressivos. Nas pesquisas do professor John Colwell, da Middlesex University, Londres, demonstrou que alunos de uma escola dessa cidade, entre 12 e 14 anos de idade, quanto mais tempo passavam jogando videogame, mais sua agressividade aumentava. Nos Estados Unidos confirmou-se que os adolescentes que praticaram crimes violentos e inexplicáveis o fizeram após exaustivos jogos violentos de computadores (O Estado de São Paulo, 07.08.2000). Diz acertadamente o dito popular: "educando-se a criança hoje, não se punirá o homem amanhã".

Ainda em outros estudos, demonstra-se que a queda de renda mensal torna os adolescentes reféns da criminalidade, em decorrência da conflitante desigualdade da distribuição de renda, onde esses jovens não conseguem sobrepujar o ímpeto de conquistar bens idênticos aos jovens da classe média e rica.

Optando pela criminalidade para conseguir o que sua renda, ou da família, não dá condições, deslancha quase que, irreversivelmente, pelo caminho marginal da sociedade, dificilmente retornando à vida de trabalho e estudo, geralmente, morrendo antes de atingir os 30 anos de idade.

Ultimamente, detectou-se pelo NEV – Núcleo de Estudos da Violência, da USP, o aumento da delinqüência de jovens da classe média, motivados pelo uso de drogas, consumismo e desestruturação familiar. Esses jovens atuam cada vez mais em bandos e quadrilhas aumentando mais ainda a violência e a agressividade. Desses casos, a maioria tem família e boa parte mora em casa própria, não sendo assim, somente jovens de rua os praticantes de delitos.

As condições mesológicas (do meio ambiente), demonstram nas experiências que, a superdensidade demográfica tornam os seres violentos e agressivos, além da vivência promíscua e do abuso sexual. Não menos conhecidas são as experiências científicas que demonstram as influências endógenas (internas) e exógenas (externas) como fatores que impelem à violência humana.

Não se coloca qualquer dúvida que os fatores exógenos (externos) contribuem para distonias nervosas que desencadeiam reações perturbadoras geradoras da agressividade nos já portadores de potencial violento, remanescentes ainda de resquícios atávicos referentes à *infância humana* onde predominava a *lei da selva* para a sobrevivência, no entanto, demonstraremos no percurso deste estudo que os fatores endógenos (internos) são os de predominância na agressividade.

Sabe-se, pela ciência médica, que o acúmulo de grande carga de toxinas no organismo, pela ação agressiva praticada, canaliza-se esses fluídicos para o cérebro, desarranjando-o, e culminando em crises de derramamento sangüíneo e lances de loucura psíquica, onde por vezes, nesse caso, encontramos o nexo obsessivo com espíritos desencarnados afins. Assim, o agressor, agente perturbado, em si mesmo, merece receber tratamento voltado para o espírito contaminado por germes fluídicos milenares, em decorrência da interferência dos instintos selvagens que os governam e, por vezes, dominam, para em princípio, provocar o equilíbrio energético e, posteriormente, para estagnar os estigmas físicos resultantes desse desequilíbrio.

Ademais, o agressor gera ódio em torno de si mesmo, atraindo para seu caminho outros também violentos com os quais entrará em choque, ocasião, hoje ou amanhã, em que tornar-se-ão vítima da própria agressividade, razão que levou Jesus aconselhar a Pedro, no momento de sua prisão, com as seguintes palavras: "Embainha a tua espada, pois todos que lançam mão da espada a espada perecerão" (Mateus 26.52). Devido a esse ensinamento do Mestre Divino, foi que levou o Codificador da Luz a indagar do Espírito de Verdade, o seguinte: Jesus disse: "Essas palavras não são a consagração da Pena de Talião? Resposta: A Pena de Talião é a Justiça Divina; é Deus que aplica. Todos sofrem a cada instante essa pena, porque são punidos naquilo em que pecam, nessa vida ou em outra. Aquele que tem feito seus semelhantes sofrerem será colocado numa posição em que sofrerá o que tiver causado..." (O Livro dos Espíritos, Allan Kardec, Questão 764, Editora Mundo Maior, SP, 2000).

Enquadra-se ainda nas escalas agressivas, o mecanismo reencarnatório de falanges de Espíritos em atraso quanto à evolução média do planeta, recebendo estes, derradeira oportunidade a fim de adquirirem o equilíbrio necessário e retomarem o caminho do progresso, juntamente com outros que já trafegam no caminho da regeneração.

Outra visão da agressividade é quando a agressão se volta contra o próprio agressor, em ato impensado e tresloucado, geralmente no suicídio, traumatizando abruptamente o cérebro, sem saber que estará causando anomalias ao corpo espiritual (Perispírito), que futuramente, ao reencarnar, transferirá tais anomalias para o novo corpo físico em formação, desarranjando-o com manifestações de deficiências físicas e mentais.

Os apanhados e exemplificados até aqui, sobre a agressividade, refere-se ao criminoso comum. De agora em diante, passamos a analisar o criminoso contumaz que pratica seus atos pelo prazer que sente em seu íntimo e o faz com completo dolo (quando deseja o resultado).

Na prática, quando do interrogatório do chamado assassino profissional, depreende-se uma frieza polar, ao dar minúcias de suas práticas delituosas. Muitos dão a entender que eram simplesmente justiceiros e que estavam em missão com fim de fazer justiça. Ora, segundo esses argumentos, levantou-se a hipótese que espíritos encarnados com essa frieza seriam instrumentos cegos da Lei de Ação e Reação, com o fim de equilibrar situações junto a outros praticantes idênticos ou piores que os mesmos, sendo o mal corrigindo o próprio mal, em nosso mundo ainda atrasado e ignorante das Leis Divinas.

Mesmo admitindo-se que ocorram essas punições de espíritos culpados, desta ou de outras existências, arcará ele responsabilidade perante Deus, pois, ninguém tem direito de fazer justiça com as próprias mãos, tampouco tirar a vida de seu próximo, por ser uma das transgressões mais graves da Lei Divina. Na realidade, ninguém tem tal prerrogativa de Deus.

Diante desse quadro poderia ser questionado o seguinte: quais as causas que induziram aquele Espírito a tornar-se criminoso? Seria deficiências biológicas ou um fator atávico? Seria desestruturação familiar ou fatores do meio social onde vive? Ou, seria influência de Espíritos trevosos?

Nosso parecer é SIM, para todas indagações supra, pois na realidade o Espírito encarnado sofre influência do seu meio ambiente, familiar, antropológico e possivelmente biológico, isso com vistas à matéria, pois são efeitos, e efeitos não dão as tendências; e NÃO, em uma observação mais profunda do ser eterno, que goza e desfruta do *livre-arbítrio* para com suas condutas, assim, sempre é senhor de si para rejeitar a prática de qualquer delito.

Continuando com nosso entendimento, a causa fundamental para que ocorram as ações delituosas, encontram-se impregnadas nos Espíritos dos reencarnantes, que já trazem nos arquivos do Perispírito (corpo espiritual) a bagagem dos atos criminosos praticados em existências anteriores, no caso, tendências e predisposições para o crime, em razão de condutas crimino sas efetivadas nas vidas passadas, que são repassadas também para o corpo biológico, consignando descontroles nos fatores endocrinológicos e hormonais que lhe darão propulsão para o ilícito.

Com base nessa premissa temos o seguinte raciocínio: se na presente encarnação alguns espíritos demonstram, já em tenra idade, talentos para a arte, como música, pintura, escultura; vocações profissionais, como médico, engenheiro, advogado; aptidões científicas, entre outras, geneticista, astrônomo, biólogo; por que não poderá também explodir a delinqüência naqueles que trazem em si essas condutas criminais recalcitrantes de vidas pretéritas? Esse Espírito, não seria o verdadeiro *criminoso-nato* da teoria de Cesar Lombroso? (ver Criminologia - Genética Espiritual)

Com as presentes descrições, leva-nos a conclusão lógica que os criminosos comuns, que por vezes matam para se defender ou por acintosa provocação da vítima, sem premeditação, não pode ser comparado com o criminoso contumaz, verdadeiro *cri-*

minoso-nato, que traz em sua personalidade a tara pelo crime e a periculosidade constante.

Vamos consignar ensinamentos profundos e pertinentes a nossa matéria do Espírito Joanna de Ângelis (Livro Após a Tempestade. Livraria Espírita Alvorada-Editora. 1992. Salvador-BA.), "os criminosos não justiçados reencarnam com psicoses maníaco-depressivas, como a tentarem fazer justiça ante o delito, não ressarcido, fixado na memória". Ainda nos dá a seguinte lição: "A morte não destrói a vida. Libertando-se o criminoso do domicílio carnal, intoxicado pelo ódio dos instantes finais, vincula-se psiquicamente, àqueles que lhe infligiram tal punição, mantendo comunhão mental de rebeldia por meio da qual mais torpes e sombrias faz as paisagens humanas... Necessário implantar na Terra, quanto antes, as condições morais saudáveis de que nos fala o Evangelho, a fim de auxiliarmos tais espíritos enfermos que retornam para reajustar-se, defrontando desafetos e adversários que a morte não aniquilou, tornando-se irmãos e amigos... Diante, por tanto, da agressividade, revida com a tolerância. Ante a ira, resposta com benevolência. Junto ao ódio, dissemina o amor. Ao lado da hostilidade sistemática, propõe o perdão indistinto. Perante o acusador gratuito oferece a paciência gentil, tradutora da inocência. Só o bem tem existência real e permanente."

Tudo vai depender da formação espiritual de cada indivíduo, entretanto, não afirmamos que Espíritos com tendências criminosas encarnam para esse fim ou que são predestinados ao crime, pois não haveria Justiça Divina com os mesmos, ao contrário, afirmamos que estão tendo outra oportunidade de saírem desse caminho que só traz sofrimentos, mas para tanto, necessitam tomar o caminho que fortaleça sua *resistência espiritual*, só assim, irá equilibrar a predominância para mal que trouxera e terá condições de evoluir e sair definitivamente do caminho da ignorância e do sofrimento.

As qualidades morais de cada um não são transmitidas de pais para filhos, mas estes já trazem em sua bagagem as conquistas morais, podendo sim, serem aprimoradas no âmbito familiar e escolar, mas nunca irão perder o que já conquistaram, tanto é verdade que por vezes num lar os pais são desonestos ou criminosos e os filhos honestos, não aceitando tais condutas.

Não podemos deixar de lembrar que tanto nas vocações, tendências ou predisposições, para o bem, como para o mal, sempre existe a influência de Espíritos de equivalência afinidade para ambos os lados e, mais superior ainda, encontra-se o Espírito guardião (anjo da guarda) que luta, ao lado de cada um, para sair vitorioso da encarnação redentora que recebera.

Paulo Apóstolo nos adverte em uma de suas epístolas: "todos somos tentados... em nossa própria concupiscência", assim, a concupiscência do criminoso nato é a própria tendência que possui para o crime, e se acrescida de influência por parte de Espíritos de mesma índole, poderá levá-lo à reincidência criminal.

Para iniciar-se o processo de neutralização da agressividade existente na Humanidade, terá que se buscar, primeiramente, a tolerância, a solidariedade, a indulgência e o perdão, para posteriormente, adentrar-se no caminho da regeneração, tendo em vista que tais atitudes emitem energias salutares individuais que irão se juntar ao campo energético coletivo do nosso mundo, aí então, o ser humano estará no caminho da profecia do Mestre Divino, "outros Céus e outra Terra". Preceitua Aristóteles em seu livro "Política", o seguinte: "o homem, para ser virtuoso, necessitava possuir alguns bens: do espírito, do corpo e das coisas exteriores, sem os quais germens criminógenos poderiam levá-lo ao desequilíbrio". Acrescentamos a esse profundo ensinamento que, o bem do Espírito é o conhecimento e o sentimento; o bem do corpo é a saúde e a harmonia e o bem das coisas, para não levar ao crime, são os bens materiais básicos, sem supérfluo.

Com estes reconhecimentos e práticas, há condições de modificar o estado atual do mundo e o crime baterá em retirada, constituindo no futuro, a triste sombra do passado, conforme ocorrera com o canibalismo, com o barbarismo, com a inquisição e com a pena de morte, que estão sendo banidos do mundo pela evolução da Humanidade.

A Lei resume em: "Recebemos o que damos e colhemos o que plantamos".

3
Da Violência

Socorrendo-se do Vocabulário Jurídico De Plácido e Silva (13ª Edição – Editora Forense- RJ.1997), encontramos que, *violência*, do latim *violentia*, "é o resultado da ação ou força irresistível, praticadas na intenção de um objetivo que não se teria sem ela". Continuando: "... juridicamente, a violência é espécie de coação ou forma de constrangimento, posto em prática para vencer a capacidade de resistência de outrem, ou para demovê-la à execução de ato, ou a levar a executá-lo, mesmo contra sua vontade".

Diz ainda: "a violência pode ser: material e moral. A violência material (vis physica) resulta da agressão física, do atentado físico, ou do emprego da força, necessária à submissão da pessoa, impossibilitando-a, ou dificultando a resistência dela. Em relação às coisas, é o ato de força que fere fisicamente, danificando-a, ou que a traz às mãos do violentador, contra a vontade do seu dono. Em relação às pessoas, a violência é dita propriamente agressão. Em relação à propriedade é esbulho, ou turbação. Em relação às coisas móveis, quando delas se apodera, é roubo. Em relação à violência carnal, é todo atentado contra o pudor de pessoa de outro sexo, por meio de força física, ou de grave ameaça, com a intenção de satisfazer nela desejos lascivos ou atos de luxúria. Por fim, violência moral (vis compulsiva) é os atos praticados com ameaça, medo, intimidação etc.

Para concretização da violência, usam-se os meios de execução, ou seja, instrumentos de que se serve o agente para a prática da conduta criminosa (arma, veneno, fogo etc). Já modo de execução, são as diversas formas de conduta empregadas pelo agente que, conforme o caso, podem modificar o tipo penal ou também constituir em qualificadoras ou causas de aumento de pena (emprego de violência, de ameaça, de fraude etc).

Em sentido estrito, a violência consiste no desenvolvimento de força física para vencer a resistência, real ou suposta, ou o emprego de força material cometida contra uma pessoa. A violência pode ter por objeto não só a pessoa, mas também contra a coisa.

Existe ainda a agressão denominada juridicamente como *Vias de* Fatos, que é todo ato agressivo material que não cause, à integridade corporal da vítima, dano capaz de ser definido como lesão corporal, como por exemplo: bofetada, empurrão, rasteira etc.

Infelizmente, em nossos dias, no decurso da transição que ocorre no planeta, com o fim e o início do novo milênio, apareceu um novo método de crime, chamado de *linchamento*, definido pelo sociólogo José de Souza Martins (O Estado de S.Paulo-11.03.2001)como, "uma explosão súbita de violência contra uma pessoa ou um pequeno grupo de pessoas, geralmente praticada por grupos comunitários, agentes de formas primárias de solidariedade, com a preocupação do restabelecimento da ordem e da normalidade social, rompida pela ação de algum de seus membros, alegada a motivação básica de natureza autodefensiva". Afirma ainda o ilustre sociólogo que, o Brasil pode estar entre os países onde há mais *linchamento* no mundo, superando inclusive os Estados Unidos que vinham ocupando a primeira posição desde o século XVIII, quando surgiu a própria expressão.

Disse Gandhi um dia: "A guerra é o recurso de que o homem se vale para esgotar a violência que traz em si". Gandhi não era cristão, mas declarou certa feita: "A idéia da resistência passiva eu a tirei não das escrituras sagradas da minha religião, mas do Sermão da Montanha". O ser violento é o que não aceita os limites da própria vida e recusa-se aceitar dos seus impedimentos, desprezando regras e normas e exigindo o direito da definição do que seja justo e verdadeiro para si.

Sempre é bom relembrar que, o agressor torna-se vítima da própria violência, hoje ou amanhã, em virtude de seu organismo ficar saturado de toxinas psíquicas, fruto de suas condutas, que persistindo poderá afetar o organismo físico e mental. Em outro sentido, tem-se coibido os atos violentos através da repressão contra a pessoa, entretanto, sem combater a causa da violência, pois, a violência gera o ódio em torno de sua pessoa, atraindo pela lei de sintonia, outros tantos violentos, com os quais entrará em atrito e padecerá as conseqüências de suas arbitrariedades.

Um dos fatores para o avanço da criminalidade e da violência é a falta de opções de lazer, em especial na periferia das grandes cidades, na faixa etária de 16 a 25 anos, pois resta como única distração os bares, onde "rola" o álcool e as drogas, enquanto que em países desenvolvidos, o lazer é usado na prevenção do crime. Em pesquisas junto a adolescentes, apurou-se que a prática de *pichação* é a mistura de lazer e revolta por falta de oportunidade na sociedade.

Mas a violência e a crueldade não são frutos do acaso. São, sem dúvida, o resultado de uma equação precisa, vinculada, em princípio, à violência transmitida pela mídia, aos problemas familiares, à exclusão social dos menos favorecidos e a impunidade criminal, dentre outros fatores que iremos descortinar no percurso desse trabalho.

Por falar em mídia, as organizações que apuram estatísticas de audiência em televisão, apontam que os programas de maiores audiências, que são levados ao ar em horário nobre, são os que apresentam cenas de violência, de assalto, estupro, infidelidade conjugal, chacinas e rebeliões em presídios. Existem até programas específicos policiais que demonstram fielmente as tragédias que ocorrem nesses tempos de transição em que passamos. Ora, se existe audiência expressiva, podemos afirmar que a televisão somente está mostrando o que o público realmente aprecia e deseja assistir, como cena de violência, caso contrário, não haveria audiência e não iria ao ar. Falando ainda em mídia, em apuração obtida pela Comissão Federal do Comércio do Estados Unidos, constatou-se que 85% dos filmes, 100% dos discos e 70% dos videogames, foram qualificados como impróprios para menores por incluírem conteúdo violento.

Outrossim, não se pode negar que as cenas de violência em geral e desregramento social, influenciam no comportamento dos telespectadores. Em princípio, perquirimos, como serão os sonhos de crianças e adultos após horas de cenas violentas, agressivas e sensuais? A resposta é simples, quando assistimos tais cenas ficamos compenetrados e sintonizados na mesma faixa vibratória, quando então, em nosso pensamento criamos *imagens fluídicas* das cenas assistidas, as quais, serão na espiritualidade, cenas vivas atraindo entidades respectivas às cenas. Assim, a violência é sempre um resultado da mente humana, tendo em vista que, antecipadamente, criamos mentalmente a violência e, depois, colocamos em prática contra nosso próximo ou em forma de qualquer dano.

A violência é sempre um reflexo do atraso moral da Humanidade que traz ainda impregnado no espírito o primitivismo animal, onde precisou usar sua força e astúcia para poder vencer a feras e animais gigantescos, a fim de proteger a espécie e, em contrapartida, restou-lhe no íntimo a presença dominante da violência. Pronta para qualquer revide. No Evangelho Segundo o Espiritismo (cap. XI – A Lei de Amor – Editora Mundo Maior. SP. 2000) encontramos os seguintes ensinamentos: "no início o homem não tem senão instintos; mais avançado e corrompido, só tem sensações; mais instruído e purificado, tem sentimento; e o ponto delicado do sentimento é o amor". Como se entende, ainda estamos tentando vencer os resíduos do instinto animal que persiste em nossas ações.

Com todos esses desregramentos no processo social, a transgressão passou a ser a diversão rotineira dos desassistidos, "in initio", para meliantes, "in posteriori".

Para eliminar, ou pelo menos controlar a violência em nossos meios, surgem várias propostas, a saber: pena de morte; intervenção do exército; esquadrão da morte, prisão acautelatória. Essas propostas e outras mais existentes apresentam as mesmas características: buscam atacar os efeitos sem, contudo, atentar para as causas.

Outra vítima de violência, oposto à adolescência, são os idosos, que além de serem alvos da criminalidade das ruas, são vítimas nos seus próprios lares, só que agora os agentes são os familiares que disputam a posse de seus bens, ainda em vida. Esses agentes são os filhos, netos, ou seus cônjuges, chegando mesmo a atos violentos contra os mesmos, quando não, internam em manicômios para melhor manipular seus bens. Em outro sentido, quando não possuem bens materiais, tornam-se um peso para os familiares, aí são abandonados a sua própria sorte ou internados em asilos, sem qualquer apoio material ou moral. Justamente quando esperam um reconhecimento familiar no final da vida material, recebem desprezo e ingratidão de seus entes queridos, pois já não possuem condições de sustentar a família, tendo em vista que a aposentadoria desvaloriza dia-a-dia, mal dando para seu próprio sustento.

Caso contrário, se o idoso for pessoa que acumulou economia de seu trabalho, os familiares aguardam ansiosos pela sua morte, ou então, quantas vezes ocorrem fraudes nas documentações dos mesmos em favor dos familiares interessados, recebendo como retribuição, a exploração, descaso, ameaça, solidão, agressividade e abandono.

Para elucidar nosso trabalho vamos trazer o pensamento de algumas ciências, entre tantas outras, interessadas no estudo da origem da violência. Entre elas citamos a Neurofisiologia, que afirma que a violência é o extravasamento de um instinto que as estruturas cerebrais produzem. A Psicofisiologia Criminal demonstra que a raiz da agressividade, da violência e dos vícios, está na intimidade da personalidade biopsíquica da pessoa. Para a Sociologia, a violência expressa reação contra as circunstâncias do meio ambiente onde vive o homem. Na concepção da Biologia acerca do delinqüente, está assentada no postulado da unidade biológica, entendida entre o soma, que é o conjunto de tecidos do corpo vivo, ou seja, o organismo, e a psique que é as funções psíquicas ou anímicas. Estudos da Endocrinologia apontam que as modificações das funções glandulares, cada uma com sua especificação, além do plano do sentimento e da emoção, produzem certas psicoses e explicam determinados estados delinqüencial. Nos estudos da Genética ficou provado que as aberrações cromossômicas (alterações de seus números) propiciam comportamentos agressivos. Por fim, nos estudos da Antropologia Criminal demonstra que a agressividade e o criminoso são frutos da evolução biológica e cultural do homem através do tempo.

Mas, indagamos, onde se encontram os milênios de cultura e civilização que contribuíram em benefício do homem para o progresso que hoje se tem na Humanidade? Respondemos convictos que essa cultura e essa civilização encontram-se em nosso meio nesse momento de transição que passa o planeta e as sociedades, no entanto, é plenamente visível que certos homens é que estão fora de época e com suas culturas pretéritas.

Nos meios policiais e jurídicos, professa-se com entendimento geral que, a mais importante e correta terapêutica contra a criminalidade, em conseqüência, a violência, é a preventiva.

Dados colhidos no Presídio Tihar, na Índia, o maior e mais violento desse país, com 11 mil encarcerados, apurou-se que a técnica de meditação aplicada na década de 90, junto aos mais violentos detentos, tornaram-nos pacíficos e de condutas de compreensão e paz. Seus impulsos violentos foram substituídos por uma serenidade quase espiritual, segundo publicação do jornal o Estado de São Paulo de 17.09.2000. Isso demonstra que os reeducados necessitam de práticas modernas para seus reajustamentos morais e espirituais.

Segundo os ensinos do ilustre orador e escritor Richard Simonetti (A Constituição Divina – Gráfica São João Ltda. - 3ª Edição – 1989), "O mal retorna inevitavelmente àquele que o pratica: A curto prazo, na forma de inquietação. A médio prazo, transvertido de desajustes físicos e espirituais. A longo prazo, em existências futuras, quando se defrontará com os mesmos prejuízos impostos às suas vítimas". Diz mais: "a contenção da violência gratuita deixa de ser um problema para ser resolvido pela polícia e passa a ser questão de disciplina do próprio indivíduo". Por outro lado, o Espírito Joanna de Angelis afirma: "Só o amor vence todo o mal e nunca se deixa vencer". Conclui-se, então, que somente a disciplina, como antecedente, e o amor, como conseqüente, são os caminhos concretos para o reequilíbrio do violento.

Estudos já demonstram que a predisposição para a violência vem do Espírito, a qual é repassada também para o corpo físico nos complexos glandulares e hormonais, assim, as anomalias e deficiências da constituição física são conseqüências dos antecedentes espirituais do indivíduo, ou seja, os registros de suas práticas violentas e ilícitas que se encontram registrados no Espírito. Desses fatos entende-se que é o estado moral do Espírito que vai influenciar no desenvolvimento do germe da criminalidade ou da violência no reencarnante. Com este pensamento, não se quer dizer que o Espiritismo leva suas conclusões ao determinismo absoluto, pois realça a responsabilidade de cada um nos seus próprios atos por meio do livre-arbítrio, um dos alicerces da Doutrina Espírita. O determinismo que ocorre refere-se somente aos comprometimentos efetivados na espiritualidade antes da reencarnação, somente nos casos de reparo e expiação necessários ao seu equilíbrio.

A criminalidade violenta, não pode e nem deve ser encarada apenas sob o ângulo do plano físico, porquanto a influência sutil e ostensiva dos Espíritos errantes sobre os encarnados é indiscutível. A necessidade de se levar em consideração o fator espiritual no tratamento da problemática criminológica, é imprescindível, sob pena de retardarmos ainda mais a sua difícil solução. Este é o pensamento do escritor Eliseu F. Mota Junior (Pena de Morte e Crimes Hediondos. Casa Editora O Clarim – 1995)

Allan Kardec (Livro dos Espíritos. Editora Mundo Maior. SP. 2000. questão 685) faz um estudo das respostas dos Espíritos Superiores e sintetiza que somente a "educação bem entendida" , isto é, a educação moral, poderá tirar a Humanidade da situação social que enfrenta. Essa educação moral é, sem qualquer dúvida, a educação cristã à Luz da Doutrina Espírita que nos traz os princípios fundamentais da reencarnação e as Leis de Causa e Efeito que demonstram explicitamente a Lei Divina. Herculano Pires (Livro Pedagogia Espírita. Editora Edicel) afirma contundente: " Espiritismo é educação".

Será por intermédio da reforma íntima que o homem se transformará num ser pacífico e merecedor das boas venturanças evangélicas: "Bem aventurados os pacíficos porque serão chamados filhos de Deus"; "Bem aventurados os mansos, pois eles herdarão a Terra", numa alusão clara de que só aquele que vencer seus impulsos violentos terá oportunidade de habitar a Terra em seu período de regeneração.

Raízes jurídicas da violência e do crime

Este título foi extraído de um trabalho apresentado pelo Dr. Carlos Alberto Marchi de Queiroz, Delegado de Polícia, Professor e Mestre em Processo Penal (Revista da Associação dos Delegados de Polícia do Estado de São Paulo. Nº 27 Junho/1999), referente a um trabalho realizado com sua experiência e conhecimento jurídico, o qual nos dá outra visão da violência e do crime e que aqui colocaremos com suas próprias palavras: "...na realidade, as raízes da violência e do crime não se prendem, exclusivamente, às raízes sócio-econômicas, uma vez que pobreza não é causa, mas fator de criminalidade, já que, se fosse causa da crescente violência, todos os pobres seriam criminosos, fenômeno que não ocorre no Brasil e, muito menos, em outras partes do mundo." Continua ainda em sua lição: "...inquestionavelmente, o Brasil possui um adequado Código Penal, cuja parte geral foi reformado em 1984, com base na mais moderna doutrina criminal alemã, e cuja parte especial é objeto, nos dias que correm, de profundos estudos que levarão ao seu ajuste com a realidade penal do novo milênio que se avizinha. "Opina ainda: "Ao nosso ver, as altíssimas estatísticas criminais registradas em todos os estados da União, e principalmente aquelas evidenciadas pelos órgãos e comunicação da massa, relativas aos Estados de São Paulo e Rio de Janeiro são decorrência da contínua erosão jurídica incidente sobre o Código de Processo Penal, a partir da edição da Lei nº 5941, de 22 de setembro de 1973, conhecida como Lei Fleury, cujo o artigo 408, § 2º, permite aos homicidas aguardar o julgamento definitivo em liberdade, caso ostentem bons antecedentes e primariedade". "...que por força da Lei Fleury e da Lei nº 8884, de 11 de junho de 1994, tornaram facultativa a prisão preventiva, e não mais obrigatória, como vinha sendo desde a edição do Código de Processo Penal de 1941". E conclui "...em linhas mais simples, poder-se-ia dizer que o delinqüente brasileiro teme a lei penal, enquanto ri das leis processuais-penais, fragilizadas, a partir de 1973, com edição da Lei Fleury e, posteriormente, pelo relaxamento das prisões em flagrante, pela freqüente concessão de liberdade provisória, pela neutralização da prisão preventiva obrigatória, pela proibição da identificação criminal e pela inexistência de uma lei de proteção a vítimas e a testemunhas"

Por fim, com dados fornecidos pela Secretaria da Segurança Pública do Estado de São Paulo, assim registrou em seu trabalho, os fatores da "motivação das chacinas", contra suas vítimas e a sua porcentagem:

Fatores	nº de chacinas	%
Entorpecente	50	35,0
Vingança	25	17,5
Desentendimento	13	9,1
Justiceiros	10	7,5
Passional	5	3,5

Localizada no cérebro a violência

O jornal "O Estado de São Paulo", publicado no dia 28.07.2000, nos trouxe uma matéria científica muito importante para o nosso estudo, onde afirma que cientistas localizaram no cérebro o registro do futuro indivíduo violento. Assim, se expressando: "assassinos e outras pessoas que tendem à violência têm padrões cerebrais distintos que podem ser escaneados", anunciaram ontem cientistas americanos. A descoberta possibilita a mudança desses padrões, com o uso de remédios e outras terapias.

Segundo a equipe da Universidade de Wisconsin em Madison, o cérebro pode controlar reações e emoções como medo e raiva. Em pessoas patologicamente violentas, porém, esse sistema entra em curto-circuito. Os cientistas afirmaram, em texto publicado hoje na revista Science, que vários estudos mostraram que esse curto-circuito pode ser visto em imagens como as obtidas por tomografia por emissão de pósitrons. A equipe revisou estudos sobre 500 assassinos condenados e pessoas violentas com distúrbio de personalidade agressiva e lesões cerebrais de infância. Comparando essa função cerebral com a de gente não-violenta, os cientistas acharam disfunção nas mesmas regiões cerebrais em 41 assassinos, em um grupo que sofria de desordem de personalidade impulsiva agressivas em certas pessoas com diagnósticos de desordem de personalidade anti-social. "A evidência que revisamos indica que o córtex orbitofrontal e as estruturas aos quais está interconectado constituem elementos essenciais de um circuito que é a base da regulação emocional, disseram eles. A equipe acrescentou que anormalidades na função da serotonina em áreas do córtex pré-frontal também podem ser muito relevantes. Neurotransmissor ligado ao humor e às emoções, a serotonina é suscetível a antidepressivos. Os cientistas disseram ainda que, provavelmente, a genética e o ambiente (grifo nosso) também interferem nesse perfil. (Ver o livro Criminologia Genética Espiritual, também do autor).

Violência nos presídios

A violência nas cadeias é um fato lamentável que consta dos registros de nossa história humana desde tempos imemoráveis quando se usava a tortura para se obter confissões e por ser adepto de certa política ou religião. Lembra-nos ainda a história humana que não ficava somente nas trágicas torturas onde não só aniquilava-se o ser humano, mas também se levava a execuções sumárias sem qualquer piedade por verdugos da vida.

Ainda no mundo Contemporâneo houve-se falar muito em torturas e suplícios do ser humano no interior de presídios, cadeias e carceragens, fato triste que mancha nossas tradições cristãs, principalmente no nosso lado ocidental do planeta, onde não poderia mais ocorrer esses lastimáveis fatos, tendo em vista o império das diversas igrejas cristãs existentes que pregam o amor e o perdão cristão.

Se não bastasse as agressões e suplícios que sofrem os presos, ainda tem-se notícia em nossos dias, de grande número de estupros que ocorrem, humilhantemente, no interior dos presídios e para se ter apenas superficialmente a idéia desses fatos contra presidiários vamos registrar noticiário vinculado no Jornal Valor (dia 14.10.2001-suplemento Eu &), matéria da jornalista Larissa Squeff: "O estupro nas cadeias é uma realidade pouco discutida e noticiada. Os motivos para o silêncio ligam-se à vergonha e ao código de ética existente entre os prisioneiros. Em relatório mais recente, a Human Rights Watch (HRW), discute esse crime – sem punição – nos EUA e revela: '21% dos presos americanos, pelo menos uma vez, foram atacados sexualmente; 7% dos presos foram efetivamente estuprados.' A pior constatação da entidade diz respeito ao violento círculo vicioso criado com o crime. Quem é estuprado fica marcado como "mulherzinha" e sempre será estuprado pelos colegas de cela. Para se livrar do estigma, deve fazer outra vítima, estuprar outro. É a única forma, dentro da ética da cadeia, de se mostrar poder e afirmar para os demais presos que os dias de aceitação do estupro acabaram. Outra constatação desanimadora do relatório é que muitos dos sodomizados na cadeia confessam cometer o mesmo crime quando saem dela. Seria forma de se "vingar" da sociedade que os pôs na prisão. No Brasil, não há nenhum dado concreto sobre estupros nas cadeias, nem qualquer outro tipo de violência. (...) Mas mesmo sem dados, os estupros acontecem e diariamente em todas as prisões brasileiras, só que aqui, mais que em outro lugar do mundo, ninguém denuncia ou reclama. (...) O preso que é estuprado é desprezado pelos colegas porque foi feito de mulher. Assumir o fato é mais uma vergonha, que ele não quer passar".

Nessa mesma matéria a jornalista Larissa Squeff faz registrar o parecer do professor de psicologia analítica da PUC de São Paulo, Silvio José Pilon, nas seguintes palavras: "a questão do estupro na cadeia está diretamente relacionada ao poder e não necessariamente ao ambiente em que os presos estão. É claro que em uma cela superlotada é sempre mais fácil do preso sodomizar o outro, mas o estupro na cadeia é uma violência praticada pelo dominador sobre o dominado". Instrui ainda: "Os soldados do exército romano, sempre estupravam os vencidos". Por fim, relata que nos Estados Unidos da América existe cerca de 2 milhões de presos e no Brasil cerca de 212 mil presos, sendo que 97.652 encontram-se encarcerados em São Paulo. Esta é uma parte da importante matéria pesquisada pela preclara jornalista e deixamos de trazer o restante por ser assunto muito forte para o nosso trabalho.

Violência contra criança

Segundo levantamento da Secretaria Estadual de Assistência e Desenvolvimento Social do Governo de São Paulo, junto ao Núcleo de Estudos de Violência da USP, PUC e de outras Universidades, atualmente existe no Estado 50 (cinqüenta) mil adolescentes com potencial para virar menores infratores. São grupos de situação de risco composto por jovens que já praticaram pequenos furtos, mas nunca foram pegos, ou vivem em condições que poderiam levá-los ao crime (Diário Popular. 30.12.99).

Quando se fala de violência, faz-se uma associação imediata com aquela que ocorre nas ruas das grandes cidades, onde, supostamente, o risco é maior. No entanto, há uma outra violência silenciosa que é tanto quanto ou mais grave, mas não recebe a devida atenção porque ocorre escondida dentro dos lares: a violência doméstica. São palavras dos representantes da CRAMI - Centro Regional de Atenção aos Maus Tratos na Infância - órgão ligado a UNICEF - Fundo Das Nações Unidas Para Infância - (UNICEF EM AÇÃO. 1999).

Continua em suas estatísticas: "a violência doméstica é uma das principais causas de sofrimento para as crianças. Apenas em São Paulo, das mais de 6 (seis) mil denúncias de violência recebidas pelo S.O.S. - Criança - 64% são casos de violência doméstica. A USP - Universidade de São Paulo - calcula ainda que 100 (cem) crianças morrem por dia no País, em decorrência de maus tratos. A cada dia, no Brasil, 18 (dezoito) mil crianças são espancadas. São 6,5 milhões de casos ao ano. Os principais agressores: mães, pais e parentes próximos.

Segundo ainda suas estatísticas, os tipos de agressões e os agentes agressores contra as crianças no Brasil são as seguintes:

TIPOS DE AGRESSÕES:

1- Agressão Física	=	51%
2- Maltrato Psicológico	=	15%
3- Negligência e Abandono	=	19%
4- Abuso Sexual	=	15%

1- O índice de agressão física contra a criança e adolescente é grande (51%) tendo em vista o que estima o IBGE - Instituto Brasileiro de Geografia e Estatística – com referência a população do Brasil, num total de 170 milhões de habitantes, sendo desses, 120 milhões entre 0 e 17 anos de idade (ano 1999), o que vem infringir mais ainda estes acontecimentos delituosos. Segundo ainda a UNICEF, 75% dos óbitos na faixa dessa idade, por violência, é entre adolescentes de 15 a 17 anos.

2- 50% dos casos de agressão no lar é provocado pela própria mãe, por passar mais tempo com os filhos; 30% tem como agressor o pai e nos demais 20% aparecem as babás e outros parentes. Sendo a maior incidência em crianças de 4 (quatro) a 8 (oito) anos de idade.

3- Pesquisas da Universidade de São Paulo estimam que 9 (nove) milhões de crianças e adolescentes são vítimas de abuso sexual a cada ano no Brasil. Dois terços dessas vítimas são meninas.

4- A violência doméstica atinge todas as classes sociais e as estatísticas não refletem a realidade, já que inúmeros casos são ocultados ou manipulados como "acidentes".

AGENTES AGRESSORES:

1- Mãe	=	57%
2- Pai	=	24%
3- Parentes	=	12%
4- Padrasto	=	6%
5- Madrasta	=	1%

Nesse mesmo boletim da UNICEF, Renato Aragão, Embaixador Especial para as Crianças Brasileiras desse órgão, assim se expressa diante dessa difícil situação das crianças: "Difícil é entender o que leva um adulto a maltratar uma criança". Entendimento que milhões e milhões de pessoas reclamam e tentaremos elucidar nestes estudos.

Está comprovada, crianças que sofrem maus tratos na infância, tendem a se tornarem adultos violentos e pais que agridem seus filhos, tornando-se a violência um ciclo vicioso que precisa ser quebrado. Questionamos: como acabar com este ciclo vicioso? Resposta na conclusão do trabalho.

Para concluir este capítulo, transcrevemos trecho do livro A Utopia, do escritor inglês Thomas More, de 1516: "Abandonais milhões de crianças aos estragos de uma educação viciosa e imoral. A corrupção emurchece, à vossa vista, essas plantas jovens, que lograriam florescer para a virtude, e vós as matais quando, tornadas homens, cometem os crimes que germinavam, desde o berço, em suas almas. E, no entanto, que é que fabricais? Ladrões, a fim de ter o prazer de enforcá-los".

Para um mundo melhor temos de proteger a criança e o adolescente promovendo o cidadão do futuro mundo e essa tarefa está nas mãos dos genitores, dos professores e da religião. Precisa-se desenvolver na sociedade o sentimento de ética e moral que são os formadores dos bons hábitos e costumes e, a partir desse paradigma surgirá um novo mundo e uma nova sociedade. Amar é verbo gerador da educação e a educação moral é a salvação do homem.

Violência doméstica

Além da existência das crianças e adolescentes como vítimas de violências de todo gênero na área doméstica, temos ainda a própria mulher, esposa ou companheira, atingindo patamares elevados de registros, deixando de ser ocorrências ocasionais entre quatro paredes para atingir relevância de ordem pública. Ademais, por existir um relacionamento emocional e, até certo ponto, amoroso entre as partes, fica deveras difícil de vir a público tais acontecimentos e, em conseqüência, a reprimenda das autoridades competentes, às vezes, tornando-se vitimizada por toda sua existência.

Pode ocorrer, por outro lado, que devido às reincidências das agressões, parentes ou vizinhos, levam ao conhecimento da polícia as lesões físicas sofridas pela mulher, acabando por ser aberto inquérito policial, chegando ao processo criminal e a condenação, que podem levar a ilícitos mais graves, como o homicídio, desfazendo-se por completo o lar e ficando os filhos desamparados a mercê de outros sofrimentos físicos e morais.

Em fins de 1999, a revista americana *The New England Journal of Medicine (dezembro-1999),* publicou pesquisa sobre as causas da agressão à mulher, principalmente no lar, com o objetivo de traçar o perfil dos envolvidos nas agressões. Tais pesquisas foram levantadas através de registros de vários hospitais e concluindo-se o perfil das mulheres e dos homens envolvidos, a saber:

Mulheres :

- no nível de escolaridade não apresentou qualquer influência, pois houve equilíbrio, como se vê:

33,2% possuíam somente o primário;
28,7% possuíam secundário completo;
35,2% possuíam curso superior;

- na população, entre a raça negra e a raça branca, houve maior incidência de agressões na raça negra;

- como agressor, em primeiro lugar apareceu o namorado e depois o marido, porém, foi elevada a presença do ex-namorado e do ex-marido;

- nas famílias de baixa renda a violência foi quatro vezes mais freqüente do que nas de renda mais alta;

- uma em cada duas mulheres tinha problemas de ordem emocional, com perda de auto-estima:

- uma em cada quatro mulheres fazia uso abusivo de álcool e havia usado cocaína pelo menos uma vez;

Homens :

-o alcoolismo foi a causa maior, sendo que dois dentre

três homens faziam uso abusivo do álcool;

-a cocaína e a maconha eram de uso constante em um cada três agressores;

-o desemprego também foi fato relevante, pois a metade dos agressores não possuíam emprego regular;

- o baixo nível de escolaridade foi predominante nos agressores;.

Por essas pesquisas, demonstra-se que a violência doméstica nos Estados Unidos da América do Norte é de vários fatores, entre eles, educacionais, sociais e econômicas, fisiológicas e psicológicas. Com certeza, aqui no Brasil, também aparecem esses fatores predominantes nos registros das agressões no meio doméstico, ocorrendo em maior incidência as ameaças, constrangimento ilegal e lesões corporais.

Em fim, a violência contra a mulher é resultado de uma cultura machista que há séculos existe, necessitando-se uma mudança de mentalidade a respeito, onde os homens passem a enxergar no sexo feminino seres com obrigações e direitos semelhantes aos do sexo masculino, o que na realidade vem ocorrendo desde o século passado, pelo menos, nas normas e leis.

A iniciativa para tal mudança já foi lançada e o maior desafio a ser enfrentado é a mudança dos costumes enraizados á milênios e a formação de uma nova cultura. Porém, questionamos, para podermos responder em capítulo conclusivo, esses fatores são os únicos e qual seria o remédio salutar para equilibrar tal situação alarmante?

A busca pela Paz

Para encerrarmos este capítulo sobre a violência vamos transcrever trecho do discurso feito por Martin Luther King Jr., em dezembro de 1964, quando do recebimento do prêmio Nobel da Paz (publicado no Jornal Valor, no dia 14.10.2001. Tradução de Celso M. Paciornik).

"A predominância do homem a se engajar na guerra ainda é um fato. Mas a sabedoria nascida da experiência deveria nos dizer que a guerra obsoleta. Pode ter havido um tempo em que a guerra era servida como um mal necessário por impedir a propagação e o crescimento de uma força má, mas o poder destrutivo das armas modernas eliminou inclusive a possibilidade de que a guerra possa servir como um mal necessário. Se imaginarmos que a vida vale a pena e que o homem tem o direito de sobreviver, então precisamos encontrar alternativa para a guerra".

Algum dia, quando veículos se lançarem para o espaço exterior e mísseis balísticos teleguiados riscarem caminhos da morte na estratosfera, nenhuma nação poderá reclamar a vitória na guerra. Uma guerra que se diz limitada deixará pouco mais que um legado calamitoso de sofrimento humano, agitação política e desilusão espiritual. Uma guerra mundial – que Deus não a permita – vai deixar apenas cinzas fumegantes como mudo testemunho de uma raça humana cuja loucura a levou inexoravelmente à morte. Assim, se o homem moderno continuar flertando resolutamente com a guerra, vai transformar a Terra num inferno que nem a mente de Dante seria capaz de imaginar.

Portanto, me aventuro a sugerir a todos vocês e a todos que ouvirem ou puderem eventualmente ler essas palavras, que a filosofia e a estratégia da não-violência se tornem imediatamente um tema de estudo e de experimentação séria em cada campo de conflito humano, sem excluir em nenhuma hipótese as relações entre países. Afinal, são as Nações-Estados que fazem a guerra, que produziram as armas que ameaçam a sobrevivência da Humanidade e que têm um caráter genocida e suicida.

Aqui temos também antigos hábitos a enfrentar, vastas estruturas de poder, problemas indescritivelmente complicados a resolver. Mas a menos que abdiquemos completamente de nossa Humanidade e sucumbamos ao medo e à impotência na presença das armas que nós mesmos criamos, é tão imperativo quanto urgente dar um fim à guerra e à violência entre nações, como dar um fim à injustiça racial.

"Não construiremos um mundo pacífico seguindo um caminho negativo. Não basta dizer "precisamos não fazer guerra." É necessário amar a paz e se sacrificar por ela. Precisamos nos concentrar não meramente na exclusão negativa da guerra, mas na afirmação positiva da paz. Existe uma historinha fascinante, preservada por nós na literatura grega, sobre Ulisses e as sereias. As sereias tinham a habilidade de cantar tão docemente que os marinheiros não conseguiam resistir e guiavam seus barcos para sua ilha. Muitos navios foram atraídos para as rochas e os homens se esqueciam do lar, do dever e da honra quando se atiravam ao mar para ser envolvido em braços que os levavam à morte. Ulisses, determinado a não se deixar seduzir pelas sereias, primeiro decidiu se fazer amarrar firmemente ao mastro da embarcação e sua tripulação tapou seus ouvidos com cera. Mas ele e seus homens acabaram aprendendo uma maneira melhor de se salvar; trouxeram para bordo o belo cantor Orfeu cujas melodias eram mais doces que a música das sereias. Quando Orfeu cantava, quem se interessava em ouvir as sereias?

Por isso devemos fixar nossa visão não apenas na expulsão negativa da guerra, mas na afirmação positiva da paz. Precisamos ver que essa paz representa uma música mais doce, uma melodia cósmica muito superior às desarmonias da guerra. De alguma forma precisamos transformar a dinâmica da luta pelo poder mundial de corrida negativa por armas nucleares, em que ninguém pode ganhar, em disputa positiva para utilizar o gênio criativo do homem com o propósito de fazer da paz e da prosperidade uma realidade para todas as nações do mundo. Em suma, devemos transformar a corrida pelas armas numa corrida pela paz. Se tivermos a vontade e a determinação de montar uma tal ofensiva pela paz, destrancaremos portas e transformaremos nossa elegia cósmica iminente num salmo de satisfação criativa.

4
Vitimologia

Legislações Históricas

Desde a Escola Clássica de Beccaria (1738 – 1794) e Fuerbach (1775 – 1833), onde os estudos voltavam-se inteiramente para a figura do crime e predominava o Livre Arbítrio, à Escola Positiva de Lombroso (1836 – 1909), Ferri (1856 – 1929) e Garolfalo (1851 – 1934), onde os estudos deslocaram-se exclusivamente para a pessoa do delinqüente e prescrevia o Determinismo, o Direito Penal praticamente teve como meta a tríade, delito-delinqüente-pena, sendo que o outro componente do contexto criminal, a vítima, jamais foi levado em consideração, isto somente passou a ocorrer quando outras ciências e, principalmente, a Criminologia, vieram em auxílio do Direito Penal para a análise aprofundada do crime, do criminoso e da pena.

Vários doutrinadores, entre eles Gross (1910), Tarde (1912), Fuerbach (1813) e o próprio Garofalo (1914), faziam referências com respeito às vítimas de fraude, de lesões e até de homicídio, as quais, muitas vezes, eram provocadoras de seus próprios agressores. As primeiras manifestações formais sobre a vítima, sua tragédia e a desdita de seus familiares foram levantadas pelo criminólogo Hans Von Hentig (Citado por Paul Cornil, na Revue de Droit Pénal et de Criminologie. Bruxelas. 1959), inclusive aludindo ao binômio delinqüente-vítima e a reparação do dano causado à vítima pelo delito.

A partir das pesquisas de Benjamin Mendelsohn e de Hentig, seus precursores e seguidores, descobriram um outro personagem na conduta delituosa, até então, inteiramente desconhecido: a vítima, passando a ser estudada e pesquisada como possível personagem central, ao lado do agente criminoso.

Não podemos deixar de registrar que, em 1947, o professor de Criminologia, Benjamin Mendelsohn, ao fazer um pronunciamento na Universidade de Bucareste, citou a famosa frase: "Um horizonte novo na ciência Biopsicossocial – A Vitimologia -, assim, com o lançamento dessa nova terminologia veio a ser o precursor da ciência denominada Vitimologia. Sabe-se que essa ciência nasceu após a II Grande Guerra, e palavras eloqüente de Jorge Josef (Temas de Vitimologia. Ed. Lúmen Juris. RJ. 2000) confirmam essa notícia "...a partir do grande sofrimento de um povo que se expressa de forma notável em relação a todos perseguidos e discriminados, os judeus". A partir daí, o assunto despertou grande interesse e, em 1956, veio acontecer um Simpósio de Criminologia na Universidade de Bruxelas, na Bélgica, e em 1973, na Cidade de Jerusalém, em Israel, foi levado a efeito o 1º Congresso Internacional de Vitimologia, onde se concretizou esse ideal.

O termo Vitimologia empregada por Benjamim Mendelsohn (La Victimologie. Science Actuelle), com o escopo de estudar a vítima e suas relações com a prática delituosa, pode até ser recente e marco inicial de estudo científico, entretanto, os objetivos dessa ciência remontam à longínqua Antigüidade. Vários documentos históricos comprovam as teses apresentadas, hoje, "por essa ciência", principalmente, referente ao amparo à vítima e a reparação ao dano sofrido, não no sentido moderno que viabilizam estudos da personalidade, das características biológicas e psicológicas da vítima, mas, mais pelas crenças religiosas e políticas da época e pela busca incansável da justiça.

Nos tempos primitivos as ofensas pessoais e patrimoniais sofridas eram reparadas com a vingança privada contra seus ofensores, não havia interferência dos Patriarcas, dos Chefes de Grupos Sociais ou do Estado, somente posteriormente, com a evolução das sociedades que o Estado passou a intermediar as contendas e conflitos, obrigando-se a recompor os prejuízos da vítima mediante reparos e indenizações.

Dos mais antigos corpos de normas ou códigos conhecidos pela Historiografia, datados de muitos séculos a.C. , destacam-se o Código de Urnammu, as Leis de Eshnunna e o Código de Hammuradi, os quais em casos de roubo, seqüestro, estupro e homicídio eram punidos com a pena capital e em outros casos com a reparação através de indenização.

Depois dessas fases, ocorreram grandes acontecimentos evolutivos por intermédio de seres imantados de luz e sabedoria que vieram trazer novos rumos à Humanidade, dentre eles destacaram-se, em seqüência de fatos, Moisés, Jesus e Maomé, e em conseqüência de seus ensinamentos, surgiram o Mosaísmo, Cristianismo e Islamismo, dos quais ocorreram cismas e seitas incontáveis.

Moisés, grande líder do povo israelita, foi ao mesmo tempo, legislador, historiador, poeta e médium com grande potencial de efeitos físicos, entre outros. Desde a tenra idade, Moisés foi vítima por abuso de poder e perseguição pelo Faraó Ramsés II, tendo em vista o fato de se sentir ameaçado pelo crescimento desse povo e, posteriormente, pela liderança que conquistou em seu meio.

Nasceu aproximadamente há 1.500 anos a.C. e elaborou os cinco primeiros livros da Bíblia, nominados por Gênesis, Êxodo, Levítico, Números e Deuteronômio (do grego: repetição de Lei). Esses cinco livros conhecidos também por Pentateuco, contêm a legislação civil e religiosa dos Hebreus. Neste último livro, registrou-se os Dez Mandamentos, que foi recebido mediunicamente por Moisés, no Monte Sinai, ficando conhecido como "A primeira revelação das Leis de Deus".

Já nas suas leis civis, além de mencionar várias vezes a palavra vítima, destacou as normas reparadoras de danos causadas pelo Homem e até pela Natureza. A seguir, consignamos alguns escritos como exemplo:

Êxodo

Capítulo 21 – vers. 18 e 19.

"Se alguns homens se travarem de razões, e um ferir seu próximo com uma pedra ou com o punho, e ele não morrer, mas for para o leito, se ele depois se levantar, e andar fora encostado ao seu bordão, será declarado inocente o que o feriu, com a condição, porém, de que o compense do seu trabalho (interrompido) e das despesas feitas com os médicos".

vers. 21.

"se alguns homens renhirem e um deles ferir uma mulher grávida, e for causa de que aborte, mas ficando ela com vida, será obrigado a ressarcir o dano segundo o que pedir o marido da mulher, e os árbitros julgarem". **vers. 33.**

"se alguém abrir uma cisterna, ou a cavar, e não a cobrir, e nela cair um boi ou um jumento, o dono da cisterna pagará o valor dos animais..."

Capítulo 22

"se alguém roubar um boi, ou roubar uma ovelha, e os matar ou vender, restituirá cinco bois por um boi, e quatro ovelhas por uma ovelha".

"se alguém danificar um campo ou uma vinha, e deixar que o seu gado ande a pastar nos campos alheios, dará o melhor que tiver no seu campo ou na sua vinha, segundo a avaliação do dano".

"se um fogo, alastrando-se, encontrar espinhos, e se pegar as medas dos trigos ou as searas que ainda estão em pé nos campos, pagará o dano aquele que tiver acendido o fogo".

Números

Capítulo 5.- vers. 5 a 7.

"... se um homem ou uma mulher tiver cometido algum dos pecados em que de ordinário caem os homens e tiverem transgredido por negligência o mandamento do Senhor, e tiverem pecado, confessará o seu pecado, e restituirá o capital com um quinto a mais àquele contra quem tiver pecados".

Deuteronômio

Capítulo 22 – vers. 28 a 30.

"se um homem encontrar uma donzela virgem, que não tem esposo, e tomando-a à força a desonrar, e a causa for levada a juízo, o que a desonrou dará ao pai da donzela cinqüenta ciclos de prata, tê-la-á por mulher, porque a humilhou; não poderá repudiá-la em todos os dias de sua vida".

vers. 13 a 20.

"se um homem casar com uma mulher, e depois lhe ganhar aversão, e procurar pretextos para repudiar, acusando-a de péssima reputação e disser: eu recebi esta e, aproximando-me dela, não achei virgem, seu pai e sua mãe a tomarão, e levarão consigo as provas de sua virgindade aos anciãos da cidade que estão à porta, e o pai dirá: eu dei minha filha por mulher a este homem e porque ele tem aversão, levanta-lhe uma péssima reputação, chegando a dizer: não achei virgem a tua filha; e contudo eis as provas da virgindade de minha filha. E estenderão a roupa diante dos anciãos da cidade e os anciãos daquela cidade pegarão aquele homem e fá-lo-ão açoitar, condenando-o além disso a cem ciclos de prata, que ele dará ao pai da donzela, porque espalhou péssima reputação contra uma virgem de Israel, e a terá por mulher, e não poderá repudiá-la durante todo o tempo de sua vida" .

Em seqüência, veio Jesus, o Messias de Deus, que através de seu próprio sacrifício nos legou em forma de parábolas, os Evangelhos, ou seja, códigos e normas morais e de condutas, que são caminhos específicos que conduzirão a Humanidade à Deus, nos quais destacam-se inúmeras passagens que teve contatos com enfermos, endemoninhados e lunáticos, curando-os e sempre levando-os à compreensão de não mais praticarem o mal, o ilícito e o crime. "Vai e não peques mais". (João 8 v. 11).

Foi incansável na sua peregrinação pregando as Leis de Deus que ficaram conhecidas como As Boas Novas, ensinamentos que traziam o fim de poder traçar o caminho do entendimento entre os Homens e que seriam a trilha concreta para se chegar, ao desencarnar, mais próximo de Deus. Dizia Ele aos seus seguidores: "Vinde a mim todos vós que estais em sofrimento e sobrecarregado, e eu vos aliviarei"(Mateus 11 v. 28). Esse, "vinde a mim", na realidade, não era no sentido de virem à Sua pessoa, mas sim, para o seu ensinamento que demonstraria a essas pessoas necessitadas o porquê dos sofrimentos e das dores, aí sim, com o conhecimento da gênese do sofrimento e as conseqüências respectivas que estavam atuando sobre si, compreendia esse mecanismo espiritual e angariava fé no seu íntimo, com a qual, de imediato ficava aliviada. Em momento algum Jesus afirmou aos necessitados que estava curando-os, mas piedosamente aliviava seus sofrimentos e educava seus procedimentos para não mais caírem no erro e voltarem à sofrer.

Mas, por outro lado, explicava: "Eu, porém, vos digo que não resistais ao mal; mas se qualquer te bater na face direita, oferece-lhe também a outra" (Mateus 5 v. 39). Em verdade, afirmava que o mal se encontra em nós, devido a condutas e investidas ilícitas efetivadas por nós mesmos, contra um outro nosso irmão, nesta vida ou em outras pretéritas, e o que está padecendo é reflexo de nossa ação, e que precisamos sentir, justamente o que fizemos, naquela ação, o que o outro sentiu, fato que irá aliviar o nosso Espírito as energias negativas que carregávamos por nossa própria culpa.

Por fim, há 1.422 anos, aproximadamente no ano 580 da Era Cristã, esteve entre nós um profeta conhecido no Ocidente por Maomé, que através de seus recitais, ditou o livro sagrado do Islamismo, chamado Alcorão, que segundo Besworth Smith (Apud Alcorão. Tradução de Mansour, Chalita. Editora Associação Cultural Internacional Gibran. RJ), "é um poema, um código de lei e um livro de oração..."

O Alcorão é composto por 114 capítulos (Suras) e 6.236 versículos, onde se encontram várias passagens referentes a compensação patrimonial à vítima, em substituição ao exercício do direito de vingança privada, entre elas, a citada por Wilson Melo da Silva, no livro O Dano Moral e a sua Reparação (Ed. Forense. 3ª edição. RJ. 1983):

"Ó crentes, a Pena do Talião está prescrita para o caso de homicídio. Um homem livre será morto por outro homem livre; um escravo, por outro escravo e uma mulher, por outra mulher. Aquele, porém, que perdoar o matador de seu irmão, terá direito de exigir uma razoável indenização, que lhe será paga com reconhecimento".

Nesses sintéticos exemplos selecionados, Moisés, Jesus e Mamomé, demonstram que já naquela época, havia a preocupação pela reparação de danos às suas vítimas, danos tanto materiais quanto morais ou psicológicos, causados pelo próprio Homem, o que nos leva a sustentar que o termo Vitimologia pode ser recente, mas os objetivos da mesma remontam à distante Antigüidade.

Conceito e alcance

Benjamin Mendelsohn, situou a Vitimologia como uma ciência, pois entendia distinta da Criminologia, divergindo com veemência deste ponto de vista, Fritz R. Pasch (Revue Internationale de Droit Penal. Problemes Fundamentaux et Situation de la Victimologie), nega que seja uma ciência autônoma, porém, para Melot (Citado por Edgard de Moura Bittencourt. Livro "Vítima". Ed. Universitária de Direito. SP. 1978), enquadra-se como um dos capítulos da Psicologia.

Tecer comentários com escopo de deferir se a Vitimologia é ciência autônoma ou ramo da Criminologia ou até da Psicologia, como muitos pesquisadores assim entendem, não é o pretendido neste trabalho, entretanto, vamos emprestar o conceito de ciência do notável Aurélio Buarque de Holanda Ferreira (Dicionário Básico da Língua Portuguesa. Editora Nova Fronteira. 1988), ficando a mercê de cada leitor ser ou não uma ciência autônoma: "É o conjunto organizado de conhecimento relativo a um determinado objeto, especialmente os obtidos mediante a observação, a experiência dos fatos e um método próprio".

Assim, é irrelevante ser a Vitimologia uma ciência, importante que ela desponta como um dos ramos da Criminologia, com o fim à observação biológica, psicológica, social e da nossa tese a respeito da vítima, face ao fenômeno criminal e seus propósitos que visam não apenas o estudo da vítima ou do delito, mas da vítima em geral, ou seja, da pessoa que sofreu um dano, uma lesão, a destruição de um bem, seja por culpa de terceiros ou própria.

O termo Vitimologia, etimologicamente, deriva do latim, *victima, ae,* e da raiz grega, *logos,* significando "estudo da vítima" e constitui a terceira perna do tripé criminológico: autor, criminoso (sujeito ativo) e vítima (sujeito passivo).

Mendelsohn em seus estudos e pesquisas limitou a Vitimologia somente às vítimas de crimes, não aprofundando a respeito de vítimas de outros gêneros, sendo que modernamente os estudos dilatam-se às vítimas de qualquer ato ilícito praticado pelo homem, inclusive por casos fortuito da Natureza.

Segundo esse pesquisador, Vitimologia é "a ciência que procura estudar a personalidade da vítima sob o ponto de vista psicológico e sociológico na busca de diagnóstico e da terapêutica do crime e da proteção individual e geral a vítima".

A Vitimologia, verdadeiramente, deveria abranger a pesquisa da vitima na esfera do Direito em geral e mesmo no campo da Medicina Legal, não ficando somente restrita ao âmbito da Criminologia, do Direito Penal e da Política Criminal, assim, levando em conta o Direito Civil (casos de indenização), o Direito do Trabalho (casos de infortunística no exercício profissional), o Direito Securitário (casos de acidentes que envolvem lesões ou morte), o Direito Constitucional (casos de responsabilidade e tutela social), e o Direito Administrativo (casos de chamamento à responsabilidade dos órgãos estatais), pelo fato que todos esses acontecimentos envolvem um motivo que iremos esclarecer e divulgar ao aprofundarmos nesses estudos.

Até agora, o interesse vitimológico está baseado na vítima do evento típico e toda e qualquer indagação visa a vítima do ato delituoso, acumulando a isto o fato de que a relação delinqüente-vítima tem servido como importante adjutório a explicação criminosa, auxiliando o magistrado penal na compreensão humana e justa do problema da culpabilidade.

Atualmente, a relevância da Vitimologia também dimana da realidade da participação da vítima na gênese de muitos crimes, sendo imperativo que o liame entre delinqüente e vítima seja objeto de análise, levando-se em conta o grau de inocência da vítima em cotejo com o grau de culpa do criminoso, compondo-se precisamente os aspectos que têm sido negligenciados e que podem contribuir para o entendimento de numerosas ocorrências delinqüenciais.

Tanto é verdade esse fato que o juiz para a fixação da pena do criminoso atende a vários requisitos, dentre eles, o comportamento da vítima na ação do delinqüente, como bem descreve o Art. 59 do Código Penal: "o juiz atendendo à culpabilidade, aos antecedentes, à conduta social, à personalidade do agente (criminoso), aos motivos, às circunstâncias e conseqüências do crime, bem como o *comportamento da vítima* (grifo nosso), estabelecerá conforme seja necessário e suficiente para reprovação e prevenção do crime".

Essa ciência, além dos estudos jurídicos da vítima já levada a efeito, deve aprofundar-se nos determinantes outros que vitimizam as pessoas, tais como: índice alarmante de natalidade nos meios onde ainda impera a miséria; a desnutrição e a contaminação de bactérias e vírus que desenvolvem enfermidades; a superpopulação regional que leva a promiscuidade. A partir daí, abrangerá os fatores exógenos (do meio), além dos endógenos (internos), como veremos no transcorrer desta proposta.

Mendelsohn nos deixou uma proposta inicial de Vitimologia, ciente que toda ciência nova terá um longo caminho, tanto quanto a evolução da Humanidade, que a cada dia surge novos aprendizados, assim, outros conceitos vieram e virão ainda para tirar a penosa tribulação de ser vítima. A seguir, vamos consignar outras propostas de conceitos que demonstram o progresso já conquistado, de interesse deste nosso estudo, por tornarem o sustentáculo de vôos mais altos objetivando novas conquistas, que somados aos dos precursores, nos deram condições, de hoje, propormos e demonstrarmos a teoria da Vítima-Nata, e o porquê chega-se nessa situação.

Henry Ellenberger (Relations Psichologigues entre Le Creminel et la Victime.1954.Genebra.Suiça), considera a Vitimologia "um ramo da Criminologia que se ocupa da vítima direta do crime e que compreende o conjunto de conhecimento biológicos, sociológicos e criminológicos concernentes à vítima".

David Abrahamsen (La Mente Asesina. 1976. México), ensina que a "Vitimologia compreenderia o estudo científico da personalidade e dar grande atenção aos fatores ligados ao emocional e social da pessoa da vítima".

Guglielmo Gulotta (La Vittima. Giuffré Editore. 1976. Itália), proclama que é "uma disciplina que tem por objeto o estudo da vítima, de sua personalidade, de suas características, das relações com o delinqüente e do papel que assumiu na gênese do delito". Afirma ainda que a "Vitimologia nada mais é do que um diferente ponto de vista no estudo do comportamento do criminoso".

Rodrigo Ramírez González (La Victimologia. Editorial Temis.Colômbia.1983), entende que a Vitimologia "é o estudo psicológico e físico da vítima que, com o auxílio das disciplinas que lhe são afins, procura a formação de um sistema efetivo para a prevenção e controle do delito".

Dr. Eduardo Mayr (Atualidades Vitimológicas, Vitimologia em Debate. Rio de Janeiro), preclaro magistrado fluminense, demonstra sua experiência em "Atualidades Vitimológicas": "Vitimologia é o estudo da vítima no que se refere a sua personalidade, quer do ponto de vista biológico, psicológico e social, quer de sua proteção social jurídica, bem como dos meios de vitimização, sua inter-relação com o vitimizador e aspectos interdisciplinares e compatíveis".

Talvone Marins Moraes, (Vitimologia em Debate. Rio de Janeiro.1990), eminente perito psiquiátrico forense. quando de sua conferência sobre "Aspectos Vitimológicos no Uso, Abuso e Dependência de Drogas", afirmou com conhecimento que "o desenvolvimento da Vitimologia, como ciência de alta importância no estudo e compreensão do comportamento social humano, tem caminhado para apontar a elevada significação do binômio algoz-vítima ou delinqüente-vítima".

Lola Aniyar de Castro (Victimologia. Universidad Del Zulia.Venezuela.1969) nos legou uma magistral lição concernente aos objetivos da Vitimologia, assim se expressando:

1º) estudo da personalidade da vítima, tanto vítima de delinqüente, ou vítima de outros fatores, como conseqüência de suas inclinações subconscientes;

2º) descobrimento dos elementos psíquicos do "complexo criminógeno" existente na "dupla penal", que determina a aproximação entre a vítima e o criminoso (grifo nosso), quer dizer: "o potencial de receptividade vitimal";

3º) análise da personalidade das vítimas sem intervenção de um terceiro. Estudo que tem maior alcance do que o feito pela Criminologia, pois abrange assuntos tão diferentes como o suicídio e os acidentes de trabalho;

4º) estudo dos meios de identificação dos indivíduos com tendências a se tornarem vítima (grifo nosso).

Paul Zvonimir Separovic (Victimology, a New Approach in Social Sciences, I Simposium, Alemanha.1976), para concluir este segmento do trabalho, nos deixa pesquisas muito importantes para chegarmos a nossa proposta. Preclaramente nos diz: "A Vitimologia deve ter como meta a orientação para a maior proteção dos indivíduos. O seu propósito deveria ser contribuir, tanto quanto possível, para tornar a vida humana segura, principalmente a salvo de ataque violento por outro ser humano:

1-) explorando meios para descobrir vítimas latentes ou em potencial (grifo nosso) e situações perigosas que levam à morte, lesões e danos à propriedade;

2-) provendo direitos humanos para os que sofrem em resultado de ato ilegal ou acidente;

3-) incentivando as pessoas e as autoridades nos seus esforços para reduzir os perigos e estimulando novos programas para reduzir os perigos e para prover condições seguras de vida;

4-) provendo meios para pesquisa na área de segurança humana, incluindo fatores criminológicos, psicológicos e outros, e desenvolvendo métodos e enfoques inovadores para tratar da segurança humana;

5-) provendo um programa efetivo não só para proteger a sociedade de atos ofensivos, através de condenação, castigo e correção, mas também proteger as vítimas reais e em potencial de tais atos;

6-) facilitando a denúncia de atos vitimizadores, o que contribuirá para atingir o objetivo de prevenção de danos futuros".

Em suma, os objetivos da Vitimologia no seu entender seria:

a)- analisar a magnitude do problema da vítima;

b)- explicar as causas da vitimização;

c)- desenvolver um sistema de medidas para reduzir a vitimização;

d)- dar assistência às vítimas.

Nestes apanhados todos, deslumbra que a Vitimologia é tão útil à vítima quanto ao seu opositor, que até pode ser parcial ou totalmente inocente, levando em consideração a participação direta ou indireta da vítima nos fatos. Afirma Marvin Wolfgang: "em cada quatro caso de homicídio, um foi provocado pela vítima". (Studies in Homicide. New York.1967)

Pode-se situar a Vitimologia em dois planos distintos: a primeira e fundamental é relacionada com a ciência das vítimas de crime, e a segunda não menos preocupante, em sentido amplo, temos as ciências que cuidam da vítima de modo geral, como por exemplo, a Psicologia, a Sociologia, a Psiquiatria e a Biologia. Relevante é seu caráter multidisciplinar com objetivo de estudar as condições de vítima sob todos os aspectos científicos e o amparo, a prevenção e o direcionamento para não mais entrar no processo Vitimizante.

Com certeza, a Vitimologia sempre acompanhou o Homem desde sua criação, mesmo que como incógnita, com a preocupação do seu sofrimento e do seu padecimento. Hoje, pretendemos demonstrar: a gênese da vítima, o porquê torna-se vítima e a prevenção para não mais se tornar vítima.

Vitimologia radical

Com este título, os irmãos Newton e Valter Fernandes, Delegados de Polícia em São Paulo, no livro Criminologia Integrada (Ed. Revista dos Tribunais. SP. 1995), discorrem sobre esta teoria, onde vários autores, e entre eles, Artur Beaumont (As vítimas Pedem Justiça), entendem que a Vitimologia deve considerar tão-somente as conseqüências que resultam lesões, injúrias e danos sofridos pelas vítimas e que podem atingir a sociedade como um todo, criticando a preocupação exclusiva com a gênese do criminoso, tendo em mira somente o resguardo da coletividade. Estabelecem, em suas idéias, um sistema de ressarcimento ou indenização às vítimas e ao Estado, não se preocupando com estudos que levariam a recuperação do delinqüente.

Dizem ainda, que esses autores, defendem a pena de morte para os criminosos que praticam barbárie, por ser o remédio social cabível, acreditando que seria o único meio de levar temor aos criminosos e, em outros casos, sanções penais concomitantes com trabalho forçado. Chegaram a propagar que nas próprias Escrituras defendia-se a pena de morte, ao lembrarem este registro: "se alguém derramar o sangue de seu irmão, por mão humana seja derramado o seu sangue". (Gênesis 9 v. 6).

Assim, fica claro que, os pensamentos são no sentido que se devota mais ódio ao que ameaça com seu ato ilícito, do que pena pela vítima que sofre tal ato, ficando relegada a um plano secundário ou totalmente esquecida. Porquê? Os estudos a respeito da vítima seguem no sentido de se compreender seu comportamento, sua conduta e, por que tornam-se vítimas?

Para melhor elucidar nosso pensamento contamos com a jubilosa mensagem do Dr. Guaracy Moreira Filho (livro = Vitimologia – O Papel da Vítima na Gênese do Delito – Editora Jurídica

Brasileira. SP. 1999): "A população brasileira, lamentavelmente, está carente de informação, não de leis, sedenta de educação. (...) Quer mais proteção e não apenas mais severidade nas punições dos delinqüentes. E o caminho é a escola. A inclusão da Vitimologia nos currículos escolares é providência inadiável num Estado moderno. (...) Milhares de vidas destruídas precocemente, dores e traumas permanentes poderiam ter sido evitados se houvesse uma maior conscientização do povo brasileiro dos graves problemas do país. Nossa pesquisa demonstrou que 25% dos crimes poderiam ter sido evitados se as pessoas tivessem noções básicas de Vitimologia. (...) Não se compreende o governante usar a televisão, maior paixão nacional, para exibir suas obras e realizações e não usá-las para orientar e advertir as pessoas dos problemas existentes, dos seus direitos e deveres, das leis que as protegem, dos crimes que poderiam ser prevenidos (...) enfim, integrá-las definitivamente no seio social".

Concluindo este capítulo lembramos que o Direito Penal não consegue mais atender aos anseios sociais e a pena já não aterroriza o delinqüente, assim, não há como desejar solução dos conflitos sociais, principalmente da violência desenfreada de nossos tempos, ficando então, a incompreensão da vítima e de seus familiares sobre suas 'sinas' no meio social.

5
Vitimização

No Direito Penal usa-se a terminologia de *agente* ou *sujeito ativo* para a pessoa que pratica o dano, a agressão, a subtração, o homicídio etc., e *sujeito passivo* ou *vítima* para àquele que sofre tais práticas. Já na Vitimologia é empregada a terminologia Vitimização (ou Vitimizado) para o que vem a ser vítima da conduta de terceiros, da Natureza ou de seu próprio ato (auto-lesão), chamado também de "Processo de Vitimização". Para Edgard Moura Bittencourt (livro = Vítima. pag. 480) Vitimização é "a ação ou efeito de alguém, grupo de pessoas ou nações vitimarem-se ou vitimarem pessoas". Dá-se o nome de Vitimizador (ou Vitimário) para os agentes ativos (ou ofensores).

Nesse "Complexo de Vitimização" é que se encaixa o estudo da complexidade referente ao conhecimento de vítimas absolutamente inocentes e outras consideradas completamente culpadas da ocorrência do delito, do dano, do acidente ou do ato ilícito.

A respeito desse processo vamos descrever alguns entendimentos de catedráticos no assunto. Diz, por exemplo, Laercio Pellegrino (Vitimologia. Rio de Janeiro. Forenese.1987) : "a vítima sempre teve alguma coisa em comum com sua própria vitimização". Hans Von Hentig (Contribuition De La Vitimologia Au Criminologie. Pág. 587. Paul Cornil), em seus estudos do criminoso e da vítima afirma: "a vítima modela o criminoso" e "a vítima pode assumir um papel determinante no delito sofrido". Também bem aceito é o entendimento de Nelson Pizzotti Mendes (Revista Tribuna da Justiça.16.06.76): "a vítima pode precipitar a eclosão do delito".

Pesquisas importantes foram realizadas por Marwin Wolfgang (Studies In Homicide New York. EUA. 1967), na Cidade de Filadélfia, em torno de vítimas de homicídios, usando para tanto a expressão "Victim-Precipitated". Nelas fica demonstrado o alto índice de pessoas que participam dos fatos como instigantes, inspiradoras ou facilitadoras para a eclosão do crime por possuírem natureza tendencionárias para serem vítimas.

Outro estudo relevante para apresentação de nossa conclusão é a do psicólogo italiano, Sante de Sanctis que apresentou a "Lei do Ciclo", no sentido que toda ação é resposta a um estímulo, que por sua vez, estímulo que provocará resposta, funcionando igualmente como estímulo e com conseqüente resposta, estabelecendo-se um processo cíclico. São fatos, até então, psíquicos e físicos.

Exemplo: João provoca injustamente Antonio, este ofendido reage e lesiona João. Nestes atos, João é pressuposta vítima e causador do evento injusto, por ser o estimulador de Antonio, que por sua vez respondeu reagindo à injusta provocação. Juridicamente, é o caso de Legítima Defesa, que reza no artigo 23, inciso II do Código Penal, podendo-se associar à Coação Moral Irresistível, de conformidade com o artigo 22 do Código Penal: "se o fato é cometido sob coação irresistível..., só é punível o autor da coação". Chama-se na doutrina jurídica de causa de exclusão da culpabilidade.

Como já vimos antes, a vítima pode concorrer para o evento *consciente* ou *inconsciente*. No primeiro caso (consciente), facilmente identificável, denomina-se juridicamente como "*doloso*" ou "*culposo*". É "*doloso*", quando o agente quis o resultado ou assumiu o risco de produzi-lo (art.18, I CP). É "*culposo*", quando o agente deu causa ao resultado por imprudência, negligência ou imperícia (Art. 18, II CP). No segundo caso (inconsciente) é muito mais complexo a participação da vítima e somente pode ser esclarecida pela Psicologia, Psicanálise e, mais profundamente, pela Doutrina dos Espíritos, como veremos no decorrer de nosso labor.

Socorremos desta feita de Paul Zvonimir Separovic (Vitimologia em Debate. Editora Forense. RJ. 1990) que descreve preclaramente a respeito:

1- "A vitimização pode ser causada por muitos fatores, já que ela representa uma variedade de atividades humanas, interações humanas e desajustes humanos. Este complexo problema humano tem muitas causas...";

2- "Praticamente qualquer pessoa poderia tornar-se ou se tornará uma vítima de crime ou de acidente";

3- "Não existe um padrão de vítimas; as vítimas diferem não somente de acordo com os diferentes tipos de sofrimento: vida, integridade física, bens etc., mas também entre tipos específicos de incidentes...";

4- "As pessoas diferem muito no seu potencial para o crime ou para o risco de acidente...";

5- "Em algumas instâncias é possível identificar as vítimas em potencial ou pessoas com tendência a se tornarem vítimas. Tendências a vitimização significa uma grande propensão a incidentes, uma grande propensão a riscos em potencial";

6- "Vitimização ou risco de vítima pode ser estudado em algumas instâncias e geralmente previsto por meios científicos".

Esse pesquisador, como outros eminentes cientistas já citados, demonstra que a ciência vitimológica veio propor meios de reduzir perdas humanas, tanto de crimes, quanto de acidentes, necessitando logicamente de outras ciências afins que irão contribuir para tal acontecimento, como as já citadas.

Determinantes da Vitimização

O processo de vitimização aparece na sociedade de várias formas. Em certos casos, camuflados. São os casos que não aparecem ostensivamente nem entram nas estatísticas. Outros casos, bem explícitos, como os casos de desemprego, subemprego, analfabetismo, compressão salarial e doenças endêmicas que afetam grande parte da população de nosso orbe. Como a Vitimologia cuida das vítimas de *fatores exógenos* e *endógenos*, para maior compreensão da influência desses fatores, a seguir, vamos consignar o que transcrevemos no livro Criminologia Genética-Espiritual (Editora Mundo Maior. Do próprio Autor. 2001), a respeito.

Fatores exógenos são aqueles que estão fora do indivíduo ou de sua personalidade, chamadas de causas sociais, fenômenos societários e suas influências no meio ambiente. Elencamos dez causas que influenciam tais fatores, a saber:

- *Desorganização familiar;*
- *Desorganização social;*
- *Reenculturação;*
- *Promiscuidade;*
- *Religião;*
- *Fator econômico;*
- *Influência dos meios de comunicação;*
- *Crescimento populacional;*
- *Preconceito;*
- *Anomia.*

Desorganização familiar, ou, desestruturação familiar ocorrem, muitas vezes, por situações de filhos de mãe solteira, de órfãos de pais, de divorciados etc., é imensamente responsável pela má formação da personalidade dos filhos, sendo o ponto agudo ocasionador de criminalidade, seja qual for à participação no delito. A idade dos filhos da ocasião na desestruturação familiar é muito importante na formação da *persona*, pois quanto mais tenra a idade, tanto mais difícil de superar os fatores negativos, representados pelo desaparecimento da família como unidade social. Desses desajustes, possivelmente, resultarão vítimas de Homicídio, Lesão Corporal, Estelionato, Apropriação Indébita, Rapto, Estupro, Lenocínio, além de Crimes Contra a Honra e Contra a Família.

Na falta de estrutura familiar, resultará, principalmente para os adolescentes, o desregramento básico necessário, ou seja, educação e orientação, que evitaria serem futuros provocadores e agressores e, a grande possibilidade, de se tornarem vítimas dos seus ofendidos. A falta de educação provocaria, ainda, atitudes ilícitas como: prática de *Apropriação Indébita* (ex: trair confiança de parentes, amigos e patrões); *Crimes Contra a Honra* (ex: mexer com alguém e este lhe ofender moral ou fisicamente); *Estelionato* (ser ambicioso e ganancioso, tornando-se vítima de golpes de malandros); *Crimes Contra os Costumes*, entre eles o *Rapto Consensual* e o *Lenocínio*, onde as vítimas aderem a essas práticas por falta de orientação e educação sexual, e falta de alerta sobre as conseqüências futuras; *Estupro*, onde, muitas vezes, a vítima é tão provocadora que o resultado não poderia ser outro senão ser vítima desse crime (ex: ser excessivamente sensual; uso de mini-saia; decote provocante etc). Por fim, a falta dessa estrutura, provoca prejuízo para a própria família, como por exemplo, o crime de *Bigamia* (ex: cônjuge que não cumpre os deveres do casamento, ou, destrata o cônjuge no lar e este procura o adultério ou outro casamento ilícito).

A *Desorganização Social* é demonstrada pela própria História, que nos ensina como ocorre a evolução dentro das sociedades: nasce-se, tem-se uma fase de crescimento, seguida de uma fase de manutenção, para finalmente, entrar na fase de decadência e morrer. Destarte, entende-se que a inversão de valores morais que ocorrem atualmente, referem-se à fase de decadência e morte de um estágio evolutivo social, características de transição entre duas civilizações, também chamadas de épocas de *crise*, que tendem a levar o ser humano para a criminalidade.

Todo povo tem sua cultura, seja o mais atrasado e analfabeto, assim, não existindo a aculturação, pois cultura em sentido lato é a maneira de pensar, sentir, agir e reagir de um povo. Agora, *Reenculturação*, ocorre quando se trata de se adaptar a uma cultura diferente. O problema surge quando as pessoas mudam de comunidade, passando a conviver com pessoas de cultura completamente diferente. Fato típico acontece com os emigrantes ou com seus filhos, sendo o problema muito mais agudo quanto mais sólida for a cultura inicial. Exemplo: citemos duas culturas diferentes, os *nisseis* e os *islâmicos*, que devem conviver com uma cultura no lar e outra completamente diferente fora dela. Estas ambivalências levam, freqüentemente, a uma situação anormal, que pode ter como resultado, uma resposta incompatível ou até delituosa. Assim, indivíduos que conviveram muito tempo com suas leis, costumes e comportamentos, poderão não ser aceitos em outros tipos de cultura, e até entendidos em suas práticas, como desrespeitosas ou provocadoras. Além do mais, certos tipos de condutas praticadas normalmente numa região, numa sociedade ou país, noutros poderão representar ilícitos ou delitos, culminando em agressores e vítimas.

Promiscuidade é outro fator preponderante que leva a pessoa a participar no ciclo delituoso, em razão de favorecer a perda de princípios éticos, seja pelas próprias condições da convivência, seja pelos maus exemplos, influindo fortemente na formação da personalidade dos que convivem nesse meio. Exemplificando: crianças e adolescentes que estão em fase de desenvolvimento físico e mental, seguem modelo de conduta tirado do convívio com pessoas envolvidas na prostituição ou marginalidade, conduta conhecida pela denominação *Mimetismo*, tornando-se vítimas de seus próprios atos.

Quanto à *religião*, sabe-se que a maioria tem um rumo em comum, o princípio de se fazer o bem e evitar o mal, sendo evidente que qualquer que seja a confissão seguida, será um freio para a conduta delitiva dos seus seguidores, entretanto, aquele que não ficar atento como o próprio Jesus recomendou: "orai e vigiai", poderá receber ensinamentos distorcidos da verdade que o tornará vítima de não usufruir os ensinamentos que lhe traria luz evolutiva nesta caminhada que está tendo oportunidade. A falta de religião será porta aberta para as más condutas por não ter princípios de esperança e fé, de se alcançar uma vida ou um mundo melhor.

Com referência ao fator *econômico,* questionamos: pobreza por si só gera criminalidade? Não, não gera, pois segundo o IBGE, no Brasil existe 30 milhões de pessoas em miséria absoluta. A concentração de rendas divide os brasileiros em 8% de pessoas pertencentes à classe média e rica e 92% de pessoas pobres. Pergunta-se: baseando-se nesses dados, temos 30 milhões de criminosos ou um índice de 92% de criminalidade? Não. Pobreza por si só não gera a criminalidade, porém, é na classe pobre que encontramos, proporcionalmente, o maior índice de criminosos e de vítimas desses agentes, fato que será encartado no final deste trabalho, o porquê dessa vitimização.

Com base em levantamento de dados do Sistema de Informação da Mortalidade – SIM - colocada à disposição pelo Ministério da Saúde e cruzamento de informações, os economistas Mônica Viegas Andrade, da Universidade Federal de Minas Gerais e Marcos Lisboa, da Fundação Getúlio Vargas, apuraram em seus estudos que a retração salarial fez aumentar a violência entre adolescentes no período de 1983 a 2000. Batizaram o período das décadas de 80 (década perdida) e 90 (década turbulenta) com o nome de "efeito inércia" pelas crises que ocorreram e pelo efeito cumulativo e prolongado registrou o aumento de homicídio praticado por adolescentes e como próprias vítimas. Explicam ainda, o contingente que entrou no crime na adolescência não sai mais e engrossa a taxa de homicídios da sua geração à medida que avança em idade.(O Estado De São Paulo – 09.07.2000)

Atualmente, com o desenvolvimento tecnológico, temos contato de um extremo ao outro do planeta, no mesmo instante, através das comunicações de rádios e televisões, nos comunicando costumes e condutas diferenciadas da nossa, vindo assim, as I*nfluências Dos Meios De Comunicação*, participar da formação da personalidade do indivíduo. Na declaração Universal dos Direitos Humanos da ONU, da qual o Brasil é um dos subscritores, está escrito no artigo XIX: "Todo homem tem direito à liberdade de opinião e expressão, este direito inclui a liberdade de, sem interferência, ter opinião de procurar, receber e transmitir informações e idéias por qualquer meio e independente de fronteiras". Ora toda comunicação tem por objetivo a transmissão de uma mensagem, pois todo o "meio é a mensagem", e o condicionamento a mesma é uma resposta a essa mensagem vinculada.

Mensagens com fundos étnicos, morais, científicos e religiosos, são frutíferos nos meios sociais, enquanto que, ao contrário, mensagens de violência, vícios, sexualidade etc., trazem resultados desastrosos devido à imitação que se faz da mesma. Neste contexto, podemos alertar:

a) Os meios de comunicação criam hábitos desnecessários e de consumismo;

b) Incitação à violência e ao crime;

c) Deformação moral;

d) Criação de uma linguagem marginal;

e) Vitimiza-se por demonstrar condutas e éticas inferiores que não condiz com nossa sociedade.

Estes exemplos seriam indutores, por meio da comunicação, do ciclo que envolveria criminosos e vítimas, todavia, há e muito, os aspectos positivos das comunicações como o conhecido por *catarse,* que seria a maneira por meio da qual os meios de comunicações canalizam a agressividade humana no contexto social. Seria uma espécie de descarga, onde o ser humano exterioriza a violência, sem atingir o outro ser humano diretamente. Temos como exemplo típico os que assistem por televisão ou vídeo, uma luta de boxe, um jogo de futebol ou uma corrida de automóvel, transferindo seus impulsos para os punhos do lutador, para o físico do jogador ou para o acelerador do veículo, descarregando, se existir, toda potencialidade agressiva, evitando tal ação diretamente contra seu próximo. Este processo é também conhecido por *Processo Catárquico*, ou seja, a sociedade usando os Meios de Comunicação como forma de descarga emocional e de agressividade.

Outro fator *exógeno,* sem dúvida, é o C*rescimento Populacional,* que vem gerando grande transtorno social e envolvendo os cidadãos nos ambientes que formam a "dupla-penal" (delinqüente-vítima), tendo como causas principais dois acontecimentos:

a) Paternidade Irresponsável: gera um grande número de crianças que são abandonadas pela falta de condições materiais de seus genitores, levando-as à prática de pequenos delitos ou à prostituição para poderem sobreviver;

b) Êxodo Rural: provoca o abandono das regiões de origem do indivíduo, gerando um aumento populacional desregrado nos grandes centros urbanos, contribuindo para o crescimento de cortiços e favelas, onde não existe a mínima condição de sobrevivência dentro dos princípios humanos, levando essa população a índices alarmantes de mendicância e miserabilidade. Por outro lado, o êxodo rural ocasiona certos vazios nas regiões onde ocorrem, sendo suprida pela figura conhecida por *jagunço*, indivíduo matador profissional que, também por sua vez, fará vítimas de sua prepotência e ambição.

Preconceito, por definição, é uma idéia pré-concebida e de forma errônea, que fazemos de alguma coisa. Do ponto de vista criminológico, o preconceito pode ser:

a) Racial - contra determinada raça ou grupo étnico;

b) Social - contra uma classe social ou grupo de pessoas;

c) Religioso - contra uma crença religiosa.

Em tocante a esses tópicos, a História da Humanidade tem registrado, lamentavelmente, milhões de vítimas por discrepância de raça, grupo social e religioso, fatos que infelizmente, ainda em nossos dias ocorrem em muitos países que alegam ser cristãos. Em nossa pátria existe a Lei 2889, de 1° de outubro de 1956, que define e pune o Crime de Genocídio, em seu artigo 1°, a saber: "quem, com a intenção de destruir, no todo ou em parte, grupo nacional, étnico, racial ou religioso, como tal:

a) matar membros do grupo (penas do Art. 121 § 2° do Código Penal); causar lesão grave à integridade física ou mental de membros do grupo (penas do Art. 129 § 2° do Código Penal); submeter intencionalmente o grupo a condições de existência capazes de ocasionar-lhe a destruição física total ou parcial (penas do art.270 do Código Penal); adotar medidas destinadas a impedir os nascimentos no seio do grupo (penas do art.125 do Código Penal); efetuar a transferência forçada de crianças de um grupo para outro grupo (penas do art.148 do Código Penal).

São penas que variam de um a trinta anos de reclusão.

Cumpre esclarecer que no Brasil, o racismo não ocorre com gravidade, felizmente, como vêm acontecendo em vários países, uns referentes à raça, outros, disputas religiosas e de grupos sociais. O preconceito racial, no Brasil, enseja o Crime de Racismo, nos termos do Art 5º inciso XIII da Constituição Federal, no Capítulo dos Direitos e Garantias Fundamentais.

Por fim, temos a *Anomia*, que caracteriza um sentimento, na sociedade, de impunidade após o cometimento de crimes. As causas principais da *Anomia* são as seguintes:

- Impunidade de menor;
- Morosidade da Justiça;
- Níveis de Corrupção;
- Falta de força coercitiva das Leis Penais;
- Aspecto "macunaímico" do brasileiro. (herói sem caráter)

Esses processos de *Anomia* favorecem, e muito, no aumento das estatísticas delituosas, tornando-os quase incontroláveis e, em conseqüência, estouram os índices de vítimas de todos os gêneros, ficando a indagação: o que é necessário para por fim nessa vitimização? (resposta na conclusão do trabalho).

Por derradeiro, os *fatores endógenos* são aqueles existentes na própria pessoa e no seu íntimo, assim, de ordem individual, relacionados com o egocentrismo, com a instabilidade de cada um, com suas indiferenças afetivas e pela hereditariedade. Ocorrem fatores desencadeantes para a criminalidade, que logicamente irão refletir como conseqüência nas vítimas de hoje, quando as forças de *pulsão* dos dois fatores, superarem a *resistência*, até então adquiridas, em sua evolução, por meio da educação, família, religião e trabalho.

Portanto, na dinâmica da gênese do ato criminal, a personalidade dissocial encontra-se em meio a um sistema de forças que se concentram em dois grupos: as *forças de pulsão* e as *forças de resistência*.

Segundo a concepção usualmente aceita nos tratamentos de pessoas com problemas de personalidade, toda ação é a resposta de uma personalidade frente à situação em que se encontra implicada. A esta relação foi dada a formulação matemática pela equação:

$$C = f\,(P - M)$$

onde:

C = comportamento: F = função; P = personalidade; M = meio.

Vitimização feminina

Depreende-se da Bíblia que a mulher refere-se ao esposo por "senhor" ou por "patrão", podendo ser repudiada pelo marido a qualquer momento, entretanto não possuía o mesmo direito. Ainda registra em várias outras passagens, a mulher simbolizando aspectos negativos, como por exemplo, Eva, foi responsabilizada pela queda de Adão, em conseqüência, do próprio Homem; Ester simbolizou a não obediência; Dalila, responsável pela retirada da força de Sansão, simbolicamente do Homem.

Segundo palavras ilustrativas de Ester Kosovski e Elida Séguin: "...a História é conhecida pela supremacia patriarcal nas antigas aldeias e as mulheres eram tidas como instrumento de reprodução", pois a mulher estéril era desprezada. Continuam as pesquisadoras "...não existe qualquer dúvida que a mulher é vista como o ser mais fraco que o homem, e sabe-se que os fracos são sempre explorados pelos mais fortes" , "... Sartre, lembra bem : ela foi metade vítima, metade cúmplice, como todo mundo". (Temas de Vitimologia. Lúmen Juris. RJ. 2000)

Em 1781, Olympe de Gouges, redigiu a "Declaração dos Direitos da Mulher e Cidadã", e por esse motivo foi guilhotinada, em 1793. Hoje em dia, ainda é bem marcante a posição de inferioridade e servilismo da mulher no Oriente e Oriente Médio.

Os filósofos franceses também trabalharam muito para a regeneração e igualdade da coletividade, entre eles, Voltaire, Montesquieu, Rousseau, D'Alembert, Diderot e Quesnay. Somente com a revolução francesa e início da sociedade moderna, abriu para as mulheres novas perspectivas de libertação.

No ocidente, apesar da liberdade já exercida pelas mulheres, existem resquícios da manifestação do machismo, sob formas de comportamentos nos domínios da economia, do trabalho e do sexo.

Com a subjugação secular da mulher pelo homem, esta teve dois ápices importantes em suas gerações. A primeira, pelo servilismo prestado ao homem, pela resignação adquirida, desenvolveu o grande sentimento que hoje possui em si. A segunda, mais desfavorável, por ter sido sempre tratada como serva, oprimida e sem liberdade, principalmente como objeto do sexo. No momento Contemporâneo, com a obtenção de ascensão e liberdade, em muitos casos, despencou para a libertinagem em geral, inclusive de vários tipos de vícios que não possuía.

Nos Evangelhos, há símbolos contrários, representados pelas figuras de Maria de Nazaré, a sublimada do amor; Madalena, a capacidade de autodireção e auto-reforma, promissora da reforma íntima; Marta e Maria, uma ainda presa as tradições de servir, mas veio a conhecer o desprendimento de sua irmã Maria.

A Igreja tradicional, enraizada ainda aos costumes hebraicos, como demonstra Paulo de Tarso, nesta passagem das "Boas Novas": "quanto às mulheres, estejam caladas nas igrejas, pois é coisa indecente para mulher o falar em público" (Paulo I Cor. 14:34), refletindo até hoje nas igrejas, com exceção a Igreja Anglicana, onde se admite a participação da mulher.

Ocorre que, posteriormente, Paulo de Tarso manifestou-se contrariamente, em uma de suas epístolas: "Todos vós estais revestidas de Cristo. Não há mais nem escravo nem homem livre; não há mais nem homem nem mulher. Todos são uma única pessoa em Cristo Jesus". Porém, mesmo assim, a Igreja não se ateve as nobres missionárias que foram também divulgadoras do Evangelho nascente.

Agora vejamos outros Pensadores e Teólogos da Igreja:

Pitágoras escreveu: "existe o princípio bom que criou a ordem, a luz e o homem e um princípio mau que criou o caos, as trevas e a mulher".

Eurípides disse: "a mulher é o mais temível dos males".

Santo Agostinho disse: "a mulher é uma besta insegura e instável".

São Cristóvão afirmou: "entre todos os animais selvagens, não há nenhum mais daninho que a mulher". (artigo da jornalista, Marina Colasanti, citado por Jaci Regis no livro "A Mulher na Dimensão Espírita". Licespe. Santos. 1994)

Com Jesus começou a valorização da mulher e uma nova concepção no relacionamento com o homem e com a sociedade. A este princípio, o Espiritismo adicionou ao conhecimento humano que o Espírito não tem sexo, assim, contrapondo-se a uma série de conceitos seculares que o homem seria a entidade suprema da Criação e a mulher sua serva eterna. A Doutrina Espírita acelerou o processo de valorização da mulher dentro da sociedade e a confirmar a máxima de Jesus: "somos todos iguais". Vejamos o que diz o livro fundamental da doutrina, o Livro dos Espíritos (Editora Mundo Maior. SP. 2000. Allan Kardec), em seu Capítulo IV, onde Allan Kardec assim questiona o Espírito da Verdade:

Perg. 200 - Os Espíritos têm sexo?

R- "Não como é entendido na Terra, pois os sexos dependem da constituição orgânica. Há entre os Espíritos amor e simpatia, mas fundamentados na afinidade de sentimentos".

Perg. 201 – Em nova existência, o Espírito que animou o corpo de um homem pode animar o de uma mulher e vice-versa?

R- "Decerto, pois são os mesmos Espíritos que animam os homens e as mulheres".

Mais à frente, no mesmo livro, no Capítulo IX, ensina a existência de igualdade entre os homens e as mulheres, nas seguintes perguntas e respostas:

Perg. 817 – O homem e a mulher são iguais perante Deus e têm os mesmos direitos?

R- "Deus não concedeu a ambos a inteligência do bem e do mal e a faculdade de progredir".

Perg. 818 – De onde provém a inferioridade moral da mulher em certas regiões?

R- "Do domínio injusto e cruel que o homem exerceu sobre ela. É resultante das instituições sociais e do abuso da força sobre a fraqueza. Nos homens moralmente pouco adiantados, a força é o direito".

Perg. 819 – Com que objetivo a mulher é fisicamente mais fraca do que o homem?

R- "Para lhe assinalar funções particulares. O homem destina-se aos trabalhos rudes, porque é mais forte; a mulher para os trabalhos suaves; e ambos para se auxiliarem reciprocamente nas provas da vida".

Perg. 820 - A fragilidade física da mulher não a coloca naturalmente sob a dependência do homem?

R – "Deus deu a uns a força para proteger o fraco e não para escravizá-lo".

Perg. 821 – As funções às quais a mulher está destinada pela Natureza têm uma importância tão grande como as que são atribuídas aos homens?

R – "Sim e maior; pois é ela que lhe dá as primeiras noções da vida".

Perg. 822 - Os homens, sendo iguais diante da lei de Deus, devem sê-lo igualmente perante as leis humanas?

R – "Este é o primeiro princípio da justiça: "Não façais aos outros, o que não quereis que os outros vos façam".

Perg. 822 A- De acordo com esse princípio, uma legislação para ser perfeitamente justa, deve consagrar a igualdade de direitos entre o homem e a mulher?

R – "De direitos sim; de funções, não. É necessário que cada um tenha um lugar determinado; que o homem ocupe-se dos assuntos externos e a mulher do lar. Cada qual segundo suas aptidões. A lei humana, para ser justa, deve consagrar a igualdade de direitos entre o homem e a mulher. Todo privilégio concedido a um ou a outro é contrário à justiça. A emancipação da mulher segue o progresso da civilização; sua escravização ainda com a barbárie. Aliás, os sexos existem apenas na organização física, pois os Espíritos podem tomar uma ou outra forma, não havendo diferenças entre eles a esse respeito. Conseqüentemente, devem desfrutar dos mesmos direitos".

Vitimização do meio ambiente

Considerando que vítima é tudo que sofre qualquer tipo de dano, o meio ambiente também pode a vir ser vítima, pois, sofre vários tipos de ataques, danos irreparáveis e de até crimes, sendo assim, mais uma vítima do homem que já vem vitimizando seu próprio semelhante. Destaca-se o desmatamento; cortes ilegais de árvores; derramamento químico nos mananciais; poluição do ar; incêndios florestais; esgotos em "céu aberto"; esgotos despejados em mananciais, além das bombas atômica e de vírus. Esses danos são contra a saúde pública (humano) e contra a própria ecologia (meio ambiente).

Quando ocorre violenta chuva, em certas regiões, que ocasionam enchentes trazendo danos, perdas e até mortes, podemos falar que os fenômenos meteorológicos são naturais, contudo, os seres humanos são responsáveis por exercerem grande influência nesse resultado, com suas práticas desastrosas contra o meio ambiente, p.e: grande ocupação urbana sem planejamento e péssima manutenção das galerias de águas pluviais; lixo jogado nos córregos e ocupação de áreas de mananciais. Existe a liberdade de conduta, todavia, sofremos as suas conseqüências quando agimos com irresponsabilidade e ignorância. Diz acertadamente, Amilcar Del Chiaro Filho (Tirando Dúvidas. pág. 52. Editora Mundo Maior. SP. 2001): "Deus não criou o mal, criou Leis. Quando nos afastamos ou burlamos essas Leis, certamente sofreremos as conseqüências". Ainda continua em seu ensinamento: "Pode demorar muito, mas a Natureza será restaurada, e o homem que a destruiu, terá que trabalhar na sua recuperação". (idem pág. 69)

Para a contenção do agravamento da situação do meio ambiente, os legisladores tiveram o cuidado de legislar na Lei Magna de 1988, um capítulo denominado "Do Meio Ambiente" (VI), onde reza no art. 225 o seguinte:

"Todos têm direito ao meio ambiente ecologicamente equilibrado, bem de uso comum do povo e essencial à sadia qualidade de vida, impondo-se ao Poder Público e à coletividade o dever de defendê-lo e preservá-lo para as presentes e futuras gerações".

No seu parágrafo 3°, assim reza:

"As condutas e atividades consideradas lesivas ao meio ambiente sujeitarão os infratores, pessoas físicas e jurídicas, a sanções penais e administrativas, independentemente da obrigação de reparar os danos causados".

Além dessas leis protetoras, atualmente, existe o Direito Ambiental, que é o conjunto de normas e princípios que tem como objetivo alcançar a harmonia nas relações entre o ser humano e o meio ambiente, com o fim de defendê-lo e preservá-lo às futuras gerações. Assim, o meio ambiente, defendido pela ciência da Ecologia, estará sempre ligada à Justiça Social e à igualdade dos direitos, sendo ela vítima inocente e incapaz de se defender (por hora) e depende de cada um de nós e do Poder Público para se proteger.

Diz eloqüentemente o pesquisador Wanderley Rebello Filho (Temas de Vitimologia) "As maiores vítimas dos crimes contra o meio ambiente serão os seres humanos, enquanto que os maiores vitimizadores do meio ambiente são também, ironicamente, os próprios seres humanos. Quando o homem derruba árvores, queima campos e florestas, altera a qualidade do ar e da água, poluindo-os, entre outras violências contra o meio ambiente, ele produz a poluição/destruição que conduz ao desequilíbrio ecológico e este pode trazer conseqüências terríveis para o próprio homem".

A fim de instruirmos este assunto importantíssimo, recorremos ao O Livro dos Espíritos, na questão nº 735, que indaga o seguinte: O que pensar da destruição que ultrapassa os limites das necessidades e da segurança – na caça, por exemplo, quando tem por objetivo apenas o prazer de destruir, sem utilidade? Os Espíritos Superiores respondem: "Predominância da bestialidade sobre a natureza espiritual. Toda destruição que ultrapassa os limites da necessidade é uma violação da lei de Deus. Os animais destroem apenas para sua necessidade; o homem, que tem o livre-arbítrio, destrói sem finalidade. Prestará contas do abuso da liberdade que lhe foi conferida, pois nesses casos, ele cede aos maus instintos". (Allan Kardec. Editora Mundo Maior. SP.2000)

Tudo é uma questão de educação, até mesmo com o meio ambiente em que vivemos, onde devemos manter um equilíbrio harmonioso para nunca nada nos faltar da Terra Mãe.

Vitimização no mundo

Relatos e pesquisas do Instituto de Pesquisas World Priorities, efetivadas pelo nobre colega Profº Dr. Guaracy Moreira Filho (Vitimologia: Papel da Vítima na Gênese do Delito. Editora Jurídica Brasileira. SP. 1999), em levantamento realizado nas guerras, nos últimos cinqüenta anos, o quadro de desrespeito aos direitos fundamentais do ser humano, demonstram uma vitimização impressionante, a saber:

1 - América Latina:

a) Colômbia	1.000	mortos, desde 1958;
b) El Salvador	65.000	mortos, desde 1979;
c) Guatemala	138.000	mortos, desde 1966;
d) Nicarágua	30.000	mortos, desde 1981.

2 – Oriente Médio:

a) Irã-Iraque	377.000	mortos, em oito anos;
b) Líbano	52.000	mortos, desde 1975;

3 – África:

a) Angola e Namíbia	213.000	mortos, desde 1975;
b) Chade	7.000	mortos, desde 1980;
c) Saara Ocidental	10.000	mortos, desde 1975;
d) Etiópia	500.000	mortos, desde 1980;
e) Moçambique	400.000	mortos, desde 1981;
f) África do Sul	4 .000	mortos, desde 1985;
g) Sudão	10.000	mortos, desde 1984;
h) Uganda	102.000	mortos, desde 1981.

4 – Ásia:

a) Afeganistão:	99.000	mortos, desde 1979;
b) Birmânia	2.000	mortos, desde 1985;
c) Índia	5.000	mortos, desde 1984;
d) Camboja	24.000	mortos, desde 1979;
e) Laos e Vietnã	30.000	mortos, desde 1979;
f) Filipinas	60.000	mortos, desde 1970;
g) Sri Lanka	6.000	mortos, desde 1984.

Por fim, a UNICEF – Fundo das Nações Unidas Para a Infância, relata que nos últimos dez anos, cerca de dois milhões de crianças morreram em conflitos de guerra; seis milhões gravemente feridos e dez milhões afetadas psicologicamente. Mais de dez milhões ainda morrem por falta de prevenção de doenças, mais de cem milhões, a maioria meninas, estão fora das escolas e seiscentos milhões vivem na pobreza.

Vitimização no Brasil

O Brasil é um autêntico representante dos problemas que afligem a América Latina e autêntica nação vitimizada. A vitimização se apresenta tanto em situações individuais, como coletivas, devido a inúmeros problemas que afligem a nação, entre eles, os oriundos do clima e situação geográfica (a seca do Nordeste atinge setecentas mil famílias); êxodo rural, superlotando as capitais; analfabetismo (trinta milhões), culturas de regiões diferentes; desemprego; subemprego; baixos salários; crianças abandonadas; adolescência violenta; inaplicabilidade da lei e corrupção em geral, são alguns dos fatos que compõem o processo de vitimização do povo brasileiro.

Da criança e do adolescente abandonado

O Núcleo de Estudos de Violência (USP), com base em informações fidedignas do IBGE e a Organização Mundial de Saúde, dá conta da realidade brasileira com referência a vitimização infantil, demonstrando que nos anos de 1997 a 1999, a taxa de mortalidade infantil alcançou 54 mortes para cada mil crianças de zero a um ano de vida e, em razão disso, a cada ano morrem no território nacional 400 mil crianças, com menos de cinco anos. São problemas que atacam pela falta de pré-natal, falta de médico durante o parto, contração de doenças respiratórias, desnutrição infantil e saneamento básico.

Com as correntes migratórias nas grandes Capitais, o problema do menor abandonado tornou-se quase insustentável nas ruas, estimando-se em dez mil crianças abandonadas no Brasil, número inadmissível, encontrando-se em todas as esquinas das principais cidades, inúmeros menores pedintes, isso quando não partem para as práticas ilícitas no seio da sociedade. Ainda registrando palavras do preclaro Delegado de Polícia, Dr. Guaracy Moreira Filho, a respeito do menor abandonado, assim se manifesta:

"... tendo a vida como madrasta, a rua como escola, os restos como comida, as pontes e viadutos como lar e bandidos como companheiro o que se pode esperar do menor abandonado?".

Das enfermidades

Ainda registra-se que, há em todo território nacional, cinco milhões de tuberculosos, apesar de ter-se essa moléstia como erradicada; seis milhões de doenças de chagas, um milhão de casos de malária; um milhão em casos de dengue; dez milhões com esquistossomose, dezesseis milhões de hipertensos e um milhão de pessoas infectadas pelo vírus da AIDS. Dezoito por cento da população sofre de depressão. (Dados do IBGE- Instituto Brasileiro de Geografia e Estatística- e da PNSD - Pesquisa Nacional de Saúde e Nutrição -)

A cada mil adolescentes solteiras grávidas, trinta e duas recorrem ao aborto; cada 100 (cem) abortos cometidos, 42 (quarenta e duas) terminam com complicações de saúde. As principais causas que levam ao aborto são as dificuldades financeiras, instabilidade com o companheiro e conservação do corpo feminino. A cada dois minutos uma mulher é espancada e a cada minuto uma pessoa é assaltada. A cada cem mil habitantes são registrados 25 homicídios.

Ainda somos campeões mundiais em concentração de renda, desnutrição infantil (46% de crianças menores de 10 anos são anêmicas) e desigualdade social, e, vice-campeões em mortalidade infantil, doenças contagiosas e analfabetismo.

Do desemprego

Desemprego é outro fator vitimizante, definindo-se como a situação que se instala na pessoa que perdeu sua renda mensal e acaba ficando excluído da sociedade, por vezes, longo tempo. Para se ter uma idéia da situação, somente no Estado de São Paulo, nesse início de século, soma-se um milhão e meio de desempregados. Por esses números vê-se a dificuldade que os desempregados encontrarão para conseguir um novo emprego, quando então, tornam-se vítimas sociais ou surgirá o crime como uma alternativa de sobrevivência e de vingança por se encontrar excluído da sociedade.

Das correntes migratórias

Continuemos um pouco mais na companhia do Dr. Guaracy Moreira Filho que narra um fato forte e verídico, em seu livro "Criminologia- O papel da Vítima na Gênese do Delito" (Editora Jurídica Brasileira. pág. 77/79.SP.1999), a respeito do êxodo rural na Capital de São Paulo. Narra um acontecimento no meio de centenas idênticos, infelizmente:

"Com o pensamento voltado para uma vida melhor, José Raimundo desembarca na Estação da Luz, deixando para trás sua família, propenso a trabalhar e, com tempo, trazê-la para com ele e iniciar um mundo novo. De cara observou, ainda na madrugada, vários veículos enfileirados, cujos agenciadores, gritavam 'Construção! Construção! Vamos lá, vamos entrar!' Outros, mais enfáticos, urravam, 'Vigilância'. Que maravilha! Aqui é a terra da oportunidade. Desprezou o convite e, de imediato, dirigiu-se ao primeiro hotel que lhe surgiu à frente, sem antes comprar os sonhados óculos escuros nas bancas de marreteiros no centro de São Paulo. Percebeu, esperto que era, ou pelo menos que pensava ser, que uma morena, toda enfeitada, lhe dava as boas-vindas sexuais. Como ninguém é de ferro, chegou o primeiro desafio de mostrar a masculinidade nordestina. Que noite! Que final de noite, acrescentaríamos. José Raimundo acordou intrigado. Onde estava aquela linda morena? Desapareceu e, com ela, suas ínfimas economias. Só lhe haviam restado, praticamente, os óculos escuros. O que fazer? Resolveu, então, conhecer a cidade e, por que não, conseguir um emprego. A procura foi em vão; não havia vagas em nenhum local que visitou. O cansaço se fez presente de maneira incontrolável. Onde ficar? Onde dormir? O que comer? Mas não se desesperou como se esperava. Voltou à Estação e ali se enfiou num veículo e partiu para a 'construção'. Na primeira semana de trabalho, análogo ao de escravo, veio o desespero, como, desta vez, já era de se esperar. O dinheiro mal dava para beber, imagine para remeter à sua família. Quando o sofrimento começava a fazer parte integrante do seu ser, surgiu um companheiro de boteco e de serviço e propôs: Vamos fazer uma 'lança'? E, com a assistência de outro colega, resolveu assaltar uma padaria, iniciava assim, sua vida criminosa. Armados com faca e com ares de poucos amigos conseguem seu intento, mas, logo a seguir, na terceira esquina, antes mesmo de dividir o produto do roubo – muitíssimas notas miúdas, pois as cédulas de maior valor, os comerciantes, acostumados com esses infratores, escondem adrede – são presos e autuados em flagrante. Na cadeia conheceu a maldade humana, a promiscuidade, a absoluta falta de respeito aos direitos humanos, além da completa degradação de sua, até então, intacta masculinidade. Como todo ser humano tem medo, não reagiu ao assédio e posterior ataque sexual. A revolta o dominava! Como conviver com aquilo em sua mente? Ninguém, talvez iria saber que havia se transformado em 'noiva do xerife da cela', mas ele sabia. E como sabia! Quando chegaria sua vez de ser o xerife na cela? Quando seria ele o sujeito ativo do ato sexual? Com o decorrer do tempo aprendeu tudo que um delinqüente aprende em nossas prisões. A recuperação em nosso sistema é um mito. Não tinha advogado, logo teria de cumprir integralmente a pena, a não ser que algum estagiário, para efeito de *curriculum* pessoal, pleiteasse sua soltura. Não precisou esperar! Fugiu, aproveitando-se da fragilidade das repartições policiais em acomodarem presos. Só que desta vez não roubaria como anteriormente. Planejaria. Conheceria armas e companheiros sem nenhuma dificuldade. Só morto voltaria ao cárcere. A família não mais existia. Antes de ser novamente preso, Raimundo assaltou, estuprou e matou várias pessoas, deixando rastro de dor e desespero para aqueles que, infelizmente, cruzaram a sua frente".

Da Mídia

A televisão em países emergentes, como o caso do Brasil, é de grande influência na sociedade e de responsável instrutiva e educacional dos milhões de espectadores, entretanto, vem sendo geradora de conflitos e crimes, pois, tornou-se escola para as pessoas com tendências criminosas. George Gerbner, professor da Universidade da Pensilvânia, afirma que a televisão é responsabilidade pela brutalidade do cotidiano americano e transformador de inúmeras crianças em precoces meliantes.

Infelizmente, fato relevante na cultura contemporânea é a presença constante das vítimas de violência na mídia em geral, institucionalizando a vitimização da sociedade atual. Há grande consenso em que a violência "vende" e amplia o leitorado ou a audiência. No noticiário da imprensa, da rádio e da televisão, a vitimização é a prioridade. A vítima é notícia. O enredo básico de qualquer notícia é uma situação de vitimização, drama ou tragédia. Estórias de vítima e algoz estão sempre no centro das notícias ou contos. Concluí-se que, a ótica do "marketing" está conceituado no conjunto *violência / vítima / vitimização* como o produto total. É a apologia da vítima.

Do preconceito racial

O Brasil participou em 27 de março de 1968 da Convenção Internacional Sobre a Eliminação de todas as formas de Discriminação Racial, onde ratificou esse compromisso para com nosso país. Em seu Art. 1°, inciso I, ela enfatiza que Discriminação Racial como segue: "toda distinção, exclusão, restrição ou preferência baseada em raça, cor, descendência ou origem nacional ou étnica que tenha por resultado anular ou restringir o reconhecimento, gozo ou exercício em um mesmo plano de direitos humanos e liberdades fundamentais nos campos político, econômico, social, cultural ou em qualquer outro campo da vida pública". Como se vê, qualquer conduta que leve à distinção referente à raça, à cor, à descendência ou origem nacional ou étnica e que não tenha como finalidade levar à igualdade entre os homens é racismo.

Inacreditável é saber que em nosso Brasil, país de portas abertas para o mundo, onde aconchega em seu seio, indiscriminadamente, povos de raças e religiões diversas, onde temos nossas raízes na miscigenação de três raças fundamentais: a *branca*, através dos navegantes portugueses, a *negra*, advinda do Continente Africano e a *vermelha*, nativa do nosso próprio solo, vem ocorrer preconceito racial. Pessoas ainda influenciadas pelo racismo e pelo preconceito dos Continentes Velhos, de mentes ainda não abertas e voltadas para o "somos todos irmãos", insistem na discriminação de religião, raça e cor, principalmente, em hotéis, restaurantes, escolas e clubes.

Para demonstrar o engano dos preconceituosos, fatos científicos já conhecidos, demonstram a realidade das raças, em nosso território. Para tanto, transcrevemos uma matéria da revista Veja, assinada por José Edward (Belo Horizonte. 20.12.2000), onde afirma que, pesquisadores mineiros, traçam o primeiro perfil genético do brasileiro e concluem: 1) somos mesmo o país da miscigenação; 2) há brancos que são geneticamente negros, e vice-versa. Vamos relatar parte da matéria:

"Todas as nações e todas as pessoas manifestam curiosidade em relação a seus antepassados. Os brasileiros, mais que os habitantes de países de população homogênea, têm interesse redobrado no assunto. Há um mistério e um problema na geração do povo brasileiro. O mistério é saber o que cada um de nós é. Europeus, negros e índios estão na base genética dos 170 milhões de habitantes do país. Sabe-se hoje que mais de 60% dos que se julgam "brancos" têm sangue índio ou negro correndo nas veias. O problema está no fato de que essa mestiçagem influi na maneira como a população se enxerga. Pelo tipo de beleza loura exibida em novelas da televisão, anúncios publicitários e passarelas da moda, o Brasil, ou a elite brasileira, parece envergonhar-se de sua mestiçagem. Sem dizê-lo explicitamente, anuncia uma suspeita aspiração nórdica. Alguns pensadores brasileiros chegaram a pregar o "branqueamento" da nação por meio da imigração. Outros, mais generosos, enxergaram as virtudes que a miscigenação propicia, mas a raça nunca foi um assunto neutro no Brasil. Individualmente, a pessoa interessada em retraçar suas origens tem dificuldade para ir além dos avós ou bisavós. No plano nacional, a falta de clareza se repete. Somos majoritariamente mestiços, sabemos, mas os censos populacionais pecam pela imprecisão: branco, negro ou pardo são categorias cravadas com base na aparência, no contexto social, na autopercepção".

"A resposta sobre quem somos, mesmo contra a opinião dos censos, está sendo encontrada dentro de nós mesmos".

"Um conjunto de pesquisas, comandadas pelo geneticista Sérgio Danilo Pena, da Universidade Federal de Minas Gerais (UFMG), começa a estabelecer com precisão, do ponto de vista da genética, quem são e de onde vêm os brasileiros. O estudo tocado por dez cientistas e intitulado "Retrato molecular do Brasil", permite saber quem deu origem ao pai e à mãe de cada pessoa: se europeu, africano ou índio. A partir daí, projetando as amostragens, já existem resultados fascinantes. Um exemplo: 97% dos brancos brasileiros têm ancestrais europeus pelo lado da linhagem paterna. Nesse mesmo grupo, as linhagens maternais se abrem numa árvore de três ramos: 30% são européias, 33% ameríndias e 28% africanas. Ao todo, 61% dos brasileiros brancos têm herança indígena ou africana em seu patrimônio genético, sempre pelo lado materno'.

"...os pesquisadores desenvolveram um método que permite estabelecer quanto de europeu e de africano tem cada brasileiro hoje. É aí que a miscigenação, "signo sob o qual se formou a etnia brasileira", na definição do historiador Caio Prado Júnior, aflora por inteiro. Um brasileiro com todas as características externas de branco, mostra o estudo, pode ser portador do mesmo perfil genético que um africano da gema. Da mesma forma, um brasileiro de pele escura pode ser geneticamente tão branco quanto um descendente de europeus".

Com o objetivo de se evitar e combater abusos que, demonstram ignorância, prepotência e orgulho, legisladores pátrios elaboraram leis nesse sentido, a saber:

Lei 7716, de 05 de janeiro de 1989, conhecida por Lei de Crime de Racismo.

Essa Lei define os crimes resultantes de discriminação ou preconceito de raça, cor, etnia, religião ou procedência nacional, os quais são punidos com pena de um a cinco anos de reclusão. Deixamos de descrever na íntegra essa lei para não tornar cansativa a leitura, porém, vamos mencionar a Lei 9459, de 13 de maio de 1997, que acrescentou o Art. 140 § 3º do Código Penal, a Injúria Qualificada, impondo pena de reclusão de um a três anos e multa, se cometido com a utilização de elementos designativos à raça, cor, religião e origem.

Assim, ofendendo alguém, chamando-o de "burro", configura o delito de Injúria Simples (Art. 140 do Código Penal), com pena de detenção de um a seis meses e multa, mas, por outro lado, se ofender pessoa de origem lusitana, chamando-o de "português burro", constitui a Injúria Qualificada, já mencionada, com pena de reclusão de até três anos.

Incorrem no mesmo artigo qualificado e nas mesmas penas, por exemplo, quem xingar outrem de "judeu avarento", "nordestino sujo" ou "preto vagabundo", isso para se eliminar de vez essa intolerância tola, pois, o Brasil é a nação onde se fundem, e se fundirá, a raça das mais diversas, de onde surgirá a chamada "raça dourada" que será mais forte, mais sadia e mais iluminada, e fará parte da "terra prometida" por Jesus.

As Leis acima mencionadas são baseadas na Carta Magna, em seu Art. 5º, inciso XIII, que define: "a prática de racismo constitui crime inafiançável e imprescritível". Apesar da existência de severidades para esse crime, existe ainda esse tipo de comportamento em nossa sociedade, entretanto, não se combate o preconceito e racismo somente com legislações severas que, diga-se de passagem, ainda são necessárias devido a inferioridade do planeta e a ignorância das verdades, mas também com esclarecimentos, para que se formem convicção do porquê uns são da raça negra, outros da raça branca e tantos outros da raça amarela e a chamada vermelha. Só assim, haverá entendimento entre os Homens e reconhecerão que todos são iguais e com oportunidades em campos diferentes para a evolução de cada um.

6
Da Vítima

Histórico

No estudo da Historiografia, a primeira visão sobre a vítima é antropológica, como o sacrifício humano para oferenda aos deuses, que seria "para aplacar sua ira", ou com o fim de pedir necessidades materiais. Posteriormente, foi substituído o sacrifício humano pelo sacrifício de animais, como expiação dos pecados de cada um ou do grupo.

Pesquisando um pouco mais profundamente, observa-se nas Escrituras que as vítimas não eram sacrificadas somente com essas intenções de expiação de erros ou com fim de depuração, mas também por ocasiões de guerra, que eram constantes. Com a vitória, vítimas eram sacrificadas em louvor às conquistas ocorridas e as oferendas eram sempre do que se tinha de melhor, de estimado ou vigoroso e forte (humanos e animais), donde acredita-se que a palavra "vítima" derivou da terminologia "viger", significando vigor ou vigoroso.

O Antigo Testamento narra inúmeras passagens com a expressão "vítima", principalmente nos cinco primeiros livros da Bíblia, denominado de Pentateuco, como exemplo, vamos remontarmos três delas:

GÊNESIS- CAP. 8, v. 20 e seguintes - notícia de sacrifícios de ação de graças por Noé, após Dilúvio: "junto a um altar ao Senhor, oferecendo de todos os animais e aves puras, em holocausto sobre o altar".

GÊNESIS- CAP. 22 - Abraão, por determinação do Senhor, encaminha seu filho único, Isac, para ser vítima em holocausto, mas, por demonstrar obediência e fé, acaba sendo sacrificado no lugar do filho um cordeiro.

ÊXODO - CAP. 12 - Moisés determina todo ritual a respeito dos sacrifícios e tudo que se refere as vítimas desses sacrifícios à divindade.

E ainda:

EZEQUIEL – CAP. 16. v. 38.- Referindo-se a Israel: "Julgar-te-ei como são julgados as adúlteras e as sanguinárias: e te farei vítima de furor e ciúme".

SALMOS – CAP. 66 v.15 – "Oferecer-te-ei holocaustos de vítimas..."

Outra expressão usada no Velho Testamento como oferenda de vítima às divindades é "hóstia", hoje empregada no ritual litúrgico da Igreja Católica, como um pão especial, sem fermento, oferecido e consagrado ao "sacrifício" da missa.

Assim a nomenclatura *Vítima* remonta à longínqua Antigüidade que tinha com absoluta nitidez noção de oferenda, de reparo e justiça, ora como "imposição sagrada da divindade", ora pelo poder político dos governantes, ora como anseio do povo sedento de justiça. Os fatos aconteciam de acordo com seus costumes, crenças e frágil legislação, devido aos conhecimentos e evolução média da época. Atualmente, "com os tempos chegados", a ciência e a tecnologia, avançadas no tempo e no espaço, possuímos conhecimentos que, até então, não se possuía e que estão norteando nosso trabalho.

Classificação e Tipologia

Passamos agora a estudar as classificações e as tipologias de vítimas de já consagrados pesquisadores e cientistas na área penalista e, em princípio, ainda vamos recorrer ao eminente Benjamin Mendelsohn (Livro La Victimologie. Science Actuelle), o qual, de acordo com a participação e a eventual provocação da vítima nos delitos em geral, nos ofereceu a primeira classificação quanto aos tipos de vítimas:

a) Vítima completamente inocente;

b)Vítima menos culpada que o delinqüente;

c)Vítima tão culpada quanto o criminoso;

d)Vítima mais culpada do que o delinqüente;

e) Vítima como única culpada, categoria das vítimas agressoras, simuladas e imaginárias.

Explicando:

a)Vítima completamente inocente, também conhecida como vítima ideal, é aquela que não tem nenhuma participação no delito e o criminoso é o único culpado pela produção do resultado da ação, não cabendo a vítima qualquer participação para o resultado. Exemplo: infanticídio, abandono de recém-nascido, abuso de incapazes, seqüestro, roubo, bala perdida etc;

b)Vítima menos culpada que o delinqüente, chamado também de "exignoratia", é aquela que contribui, de alguma forma, para o resultado danoso. Exemplo: pessoas que freqüentam locais ermos para namorar, pessoas que expõe objetos de valor ou dinheiro em público, moças que andam com pouca vestimenta, em locais impróprios, etc;

c)Vítima tão culpada quanto o criminoso, chamada por vítima provocadora, no caso, se não houvesse sua participação no evento não ocorreria o crime. Exemplo: Estelionato ("conto do bilhete premiado", onde tanto o criminoso, quanto a vítima, dividem a ambição de obterem vantagem ilícita); Rapto Consensual (onde a mulher concorda com o rapto); Eutanásia (onde o próprio enfermo pede o homicídio); Sedução (onde, muitas vezes, a própria mulher com sua sensualidade tenta o homem); Aborto Consentido (onde a própria gestante consente que se pratique o aborto). É bom se esclarecer que com referência às vítimas de aborto espontâneo, não existe qualquer crime para se apurar, entretanto, existe uma causa determinante, com certeza vinculada ao presente ou a vivências passadas, em desacordo com as Leis Divinas.

d)Vítima considerada, mais culpada que o criminoso, em razão da injusta provocação que faz ocorrer o evento com a parte contrária. Exemplo: vítima que provoca injustamente outra pessoa, que perdendo o controle agride-a (vítima de lesões corporais); ou mata-a (vítima de homicídio);

e)Vítima, como a única culpada pelo resultado, chamada de vítima agressora, simulada e imaginária. Exemplo: vítima de roleta-russa; vítima de suicídio etc.

Em seguida, registraremos a classificação de Mendelsohn, considerado "pai das vítimas", e resumiremos outras classificações de eminentes autores, os quais, são baseados nos aspectos jurídicos, antropológicos, psicológicos e biológicos, de interesse para proposição deste trabalho.

CLASSIFICAÇÃO DE JIMENEZ DE ASÚA:

a)Vítima indiferente;

b)Vítima indefinida ou indeterminada;

c)Vítima determinada.

Explicando:

a)É a vítima comum, pois, para os criminosos tanto pode ser uma ou outra, tanto faz.

Exemplo: roubo, furto etc;

b)É a vítima em geral e indefinida. Exemplo: vítima de propaganda enganosa, vítima de terrorismo etc;

c)É a conhecida do delinqüente. Exemplo: apropriação indébita, homicídio por vingança, furto por abuso de confiança etc.

(Ley y Delito.Buenos Aires.Argentina.1954)

CLASSIFICAÇÃO DE VON HENTIG:

a)Vítima resistente;

b)Cooperadora ou coadjuvante.

a)Casos em que entram a legítima defesa;

b)Casos de imprudência, negligência, imperícia ou máfé, concorre para o resultado danoso.

CLASSIFICAÇÃO DE GUGLIELMO GULOTTA:

a)Vítima falsa – simulada ou imaginária;

b)Vítima real - involuntária.

(Eduardo Mayr, Vitimologia, Boletim da Sociedade Brasileira de Vitimologia, pág.37. julho/agosto de 1988)

CLASSIFICAÇÃO DE ELIAS NEUMAN:

a)Vítima individual;

b)Vítima familiar;

c)Vítima coletiva;

d)Vítima da sociedade e do sistema social.

(idem anterior)

CLASSIFICAÇÃO DE STEPHEN SCHAFER:

a)Vítima sem qualquer relação com o agente vitimizador;

b)Vítima provocativa;

c)Vítima precipitadora;

d)Vítima débil do ponto de vista biológico;

e)Vítima débil do ponto de vista social;

f)Vítima denominada auto vítima;

g)Vítima política.

(idem anterior)

CLASSIFICAÇÃO DE ABDEL EZZAT FATTAH:

a)Vítima não participante;

b)Vítima latente ou predisposta;

c)Vítima provocativa;

d)Vítima participante;

e)ítima falsa.

(idem anterior)

De todas essas classificações, somente não comentamos a "vítima latente" (b) que é a conhecida por "vítima nata" (existe um capítulo próprio), que traz em si a sua predisposição para contribuir no resultado criminoso, ou seja, encontra-se oculto, escondido ou até disfarçado, esperando a oportunidade apropriada para se manifestar. Exemplo: desvio de personalidade, distúrbio físico-psicológico etc. (Towards a Crimilogical Classification of Victims. International Criminal Police Review. USA.1967)

CLASSIFICAÇÃO DE VASILE STANCIU:

a)Vítimas de nascimento;

b)Vítimas dos pais;

c)Vítimas da civilização;

d)Vítimas do Estado;

e)Vítimas da tecnologia.

Esta classificação generalizada refere-se ao progresso da civilização e que afeta a vítima, seja por motivos familiares, sociais, econômicos ou tecnológicos.

(Les Droits de la Victime. Presses Universitaire de France.França.1985)

CLASSIFICAÇÃO DE LOLA ANIYAR DE CASTRO:

a)Vítima singular ou coletiva;

b)Vítima de si mesma e vítima de crimes alheios;

c)Vítima por tendência, reincidente, habitual e profissional;

d) Vítima que atua com culpa inconsciente, consciente e que age com dolo.

(Victimologia. Universidad del Zulia. Venezuela.1969)

Existe na literatura especializada, dezenas de outras classificações de festejados escritores que poderiam ser mencionadas, contudo, fugiriam da intenção deste despretensioso estudo e os elencados já demonstram que nem sempre a vítima de crime é aquela pessoa inocente, passiva e inofensiva como aparenta.

Para encerrarmos esta parte sobre classificação e tipologia da vítima, vamos consignar a proposta do iminente professor, Mestre e

Doutor em Direito Penal, advogado criminalista e membro da Sociedade Brasileira de Vitimologia, Heitor Piedade Junior (Vitimologia-Evolução no Tempo e Espaço. Livraria Freitas Bastos. RJ. 1993):

a)Um estudo da personalidade da vítima, de modo a se verificar se ela foi vítima de um delinqüente ou se foi vítima de seus impulsos inconscientes;

b)Um estudo dos elementos psíquicos de complexo criminógeno existente na dupla-penal;

c)Um estudo da descoberta dos indivíduos predisponentes a uma vocação vitimal e a descoberta de mecanismos terapêuticos e de métodos psicoeducativos objetivando um processo de reorganização de suas personalidades malformadas ou desestruturadas. Diz ainda: "...melhorado o homem, melhorada estará a sociedade, porque o homem, apesar de tudo, ainda é a medida de todas as coisas". Por derradeiro, afirma ainda que, "mesmo que provocadora ou única causadora do evento, a vítima é sempre vítima, e, como tal, ocupa sempre uma posição de inferioridade" e "...as probabilidades de alguém converter-se em vítima são maiores do que as de se transformar em vitimizador (criminoso), uma vez que todos somos vítimas em potencial".

Em síntese, buscando indicar o posicionamento biopsicossocial da vítima diante do drama criminal, ocorrem três grandes grupos, a saber:

a)Vítima totalmente inocente, que não concorreu a qualquer título para o evento criminoso. Ex: vítima de infanticídio;

b)Vítima provocadora, também conhecida por "vítima mais culpada que o criminoso". É aquela que, voluntária ou imprudentemente, colabora com os fins pretendidos pelo delinqüente:

c)Vítima agressora, simuladora ou imaginária, que não passa de suposta ou pseudavítima e, por isso, propicia a justificativa de legítima defesa de seu atacante. Também é conhecida na doutrina os tipos seguintes: "vítima menos culpada que o criminoso", ex: Formula Indy; e "vítima tão culpada quanto o criminoso"; ex: nos crimes de rixa.

Definição e elucidação

Na literatura científica encontramos vastas definições de *Vítima* de ínclitos pesquisadores, contudo, iremos nos ater em algumas por serem mais abrangentes e com novos horizontes que nos irão ajudar em nossa teoria.

As definições dependem muito do paradigma científico e da ideologia empregada por cada um dos estudiosos no assunto, por exemplo, Paul Z. Separovic (Victimology. A New Approach in Social Sciences. Alemanha.1976), diz que, "vítima é qualquer pessoa, física ou moral, que sofre como resultado de uma despiedade desígnio, incidental ou acidentalmente".

Para Asua (Asua. A. Jimenez. Estudos de Derecho Penal Y Criminologia. 1961), "é aquela que sofre o resultado infeliz dos próprios atos (ex. suicídio), das ações de outrem (ex. homicídios) ou do acaso (ex. acidente)". Já Benjamim Mendelsohn assim entendeu: "É a personalidade do indivíduo ou da coletividade na medida em que está afetada pelas conseqüências sociais de seu sofrimento determinado por fatores de origem muito diversificada, físico, psíquico, econômico, político ou social, assim, como do ambiente natural ou técnico". (Vitimologia e Tendências da Sociedade Contemporânea. Ilanup. São José. Costa Rica. 1981)

Luiz Rodrigues Manzanera (Victimologia-Estudio da la Víctima. Editorial Porrúa. México. 1989), em poucas palavras dá uma ampla definição: "vítima é o indivíduo ou grupo que sofre um dano, por ação ou omissão, própria ou alheia, ou por caso fortuito".

Também emprestamos o conceito jurídico de Plácido e Silva (Vocabulário Jurídico. Editora Forense. 1963) que assim descreve: "do latim *victima,* geralmente entende-se toda pessoa que é sacrificada em seus interesses, que sofre danos ou é atingida por qualquer mal"; continuando: "sem fugir ao sentido comum, na linguagem penal, designa o sujeito passivo de um delito ou de uma contravenção. É, assim, o ofendido, o ferido, o assassinado, o prejudicado, o burlado".

Existem inúmeras outras definições de outros não menos festejados escritores e pesquisadores desta ciência, todavia, vamos fazer uso como última definição a que surgiu dos debates ocorridos no Sétimo Congresso das Nações Unidas sobre Prevenção dos Delitos e Tratamento do Delinqüente, na Cidade de Milão, na Itália, de 26 de agosto a 06 de setembro de 1985: "Entende-se por 'vítimas', as pessoas que, individual ou coletivamente, tenham sofrido danos, inclusive lesões físicas ou mentais, sofrimento emocional, perda financeira ou diminuição substancial de seus direitos fundamentais, como conseqüência de ações ou omissões que violem a legislação penal vigente nos Estados Membros, inclusive a que prevê o abuso de poder". Nas normas jurídicas, *sujeito passivo* (vítima, lesado ou ofendido), é o titular do bem jurídico lesado ou exposto a perigo pela ação criminosa. A doutrina penal classifica o sujeito passivo em *constante* ou *formal,* quando se trata do Estado que é o titular do direito público; como, *material* ou *eventual,* quando o titular do bem jurídico for o particular.

Admitem-se ainda, outros tipos de *sujeito passivo*, as co nhecidas por *vítima indeterminada*, tratando-se, neste caso, de entes sem personalidade jurídica, ocorrendo nos delitos que atentam contra a coletividade. Citamos: Tráfico de Entorpecentes (vítima: a Saúde Pública); Ato Obsceno (vítima: a Coletividade); entre outros. Até o nascituro pode ser sujeito passivo em relação ao delito de aborto, pois a lei penal antecipa-lhe a personalidade para o efeito de aquisição de direito à vida, assim, equiparando-se a pessoa.

Somente a título ilustrativo, não entrando neste estudo (mas estudamos profundamente em nosso livro, Criminologia – Genética Espiritual), o *sujeito ativo* é aquele que direta ou indiretamente pratica a conduta punível, a saber: *autor, co-autor* (executor direto da ação criminosa), *partícipe e autor mediato* (executor indireto da ação criminosa). Sempre as legislações ocuparam-se, unicamente, com o *agente ativo*, ou seja, o delinqüente, o criminoso, por ser a erva daninha da sociedade, não tendo a mesma preocupação com referência à análise do comportamento da vítima face ao evento criminoso e quais as conseqüências que levam a tornar-se vítima de determinado fato.

Em geral, entende-se que para ser vítima deva sofrer ação de outro homem, todavia, ocorrem vítimas de atos políticos, de planos econômicos de governos, da natureza (terremoto, tufão enchentes, vulcão etc), de acidentes (automobilísticos, náufragos, queda de avião, trem que vem descarrilar etc) e até de auto-lesões.

Como se vê a vitimização não ocorre somente pelo crime, mas, por todo e qualquer outro processo ou causa, que ficou conhecido por "vítima sem crime". Como bem ensina Cid Pacheco (Temas de Vitimologia. Editora Lúmen Juris.RJ.2000): "Vítima é o objeto; Vitimação/Vitimização, o processo; Vitimologia, o saber, a ciência".

Vitimizam-se nascituros, crianças, adolescentes, mulheres, homossexuais e aidéticos; perseguem-se em função de raças e credos, numa luta sem ideal lógico e sem trégua, onde somente restam vítimas por todos lados, devido ignorar as Leis Divinas, principalmente, a Lei de Causa e Efeito.

Como vimos no estudo da Vitimologia, o delinqüente e a sua vítima nem sempre se encontravam em lados opostos, podendo a vítima ter participado do evento voluntária ou involuntariamente, consciente ou inconscientemente, como também, ter sido cúmplice no processo de sua própria vitimização, ou em outras palavras, protagonista no drama criminal.

Nestes apanhados eloqüentes, de notáveis cientistas e pesquisadores, encontramos realizações importantes na área da Criminologia, Direito, Sociologia, Psicologia, Psiquiatria, Serviço Social e até na Medicina, onde procuram fundamentar o papel da vítima na gênese do comportamento delituoso, chegando-se somente na participação jurídica do crime, mas até hoje, não conseguiram chegar ao que leva a vítima participar do evento criminoso, juntamente com o *sujeito ativo*, fato prioritário deste trabalho.

Não poderíamos deixar de registrar colocações profundas sobre a vítima, do nobre escritor e orador Espírita, Nelson Moraes, extraídas do seu livro Perdão – O Caminho da Felicidade – (Spedd Art Editora, SP, 2000), como segue:

"Se analisarmos o problema da criminalidade de forma um pouco mais profunda, vamos perceber que, na verdade, não existem criminosos, o que existe são dois tipos de vítimas dessa ignorância: a vítima passiva e a vítima ativa". Segue na sua elucidação oportuna: "os violentos, os desonestos, os corruptos e os criminosos de toda sorte são as vítimas ativas"; enquanto que, "vítimas passivas, provavelmente, são criminosos de outrora que retornaram ao mundo físico para resgatarem a consciência atormentada pelos crimes cometidos em encarnações passadas". Por fim, conclui: "analisando as duas situações, percebe-se que o ser humano, em qualquer circunstância, é sempre uma vítima de si mesmo e da sua ignorância".

Ainda a respeito, lições profundas nos traz as palavras da veneranda Joanna de Ângelis. "As matrizes do desespero encontram-se fixadas no Eu profundo que ressumam de experiências transadas, vividas em outras existências, que ora se refletem no comportamento, em razão das atribuições domésticas no seio familiar, com dificuldade de entendimento e convivência com a genitora e os demais membros do clã. O criminoso, que ronda e ataca a sociedade; o traidor, que infelicita vidas; o maledicente, que se compraz em afligir; o caluniador, que descobre mazelas nos outros e as divulga com sarcasmo e exagero; o ingrato, que nunca está satisfeito com o que recebe, tem um passado familiar comum – o relacionamento infeliz, castrador, exigente, perverso, com sua mãe" (O Despertar do Espírito – pág.182 – Divaldo Pereira Franco. Livraria Espírita Alvorada Editora –Salvador - BA. –2000).

"Reconciliai-vos o mais depressa possível com o vosso adversário, enquanto todos estais a caminho, para que ele não vos entregue ao juiz, o juiz não vos entregue ao ministro da justiça e não sejais metido em prisão – Digo-vos, em verdade, que daí não saireis, enquanto não houverdes pago o último ceitil". São palavras sábias do Divino Mestre, direcionadas no sentido de não arcarmos dívidas para o futuro, mas sim, procurarmos reconciliarmos com o adversário, já hoje. (S. Mateus, cap.V, vv. 25 e 26)

O politicamente mais poderoso rabino israelense e líder espiritual do partido ultra-ortodoxo Shas, Ovadia Yossef, em seu sermão, classificou as vítimas do Holocausto como sendo reencarnações de pecadores que haviam voltado à vida para expiar suas culpas. No dia seguinte de sua afirmativa tentou minimizar o furor que causou em Israel, colocou a culpa na imprensa, acusando-a de ter distorcido suas palavras (O Estado de São Paulo – dia 07.08.2000). Com certeza, o rabino tem conhecimento, hoje, da Lei de Ação e Reação.

Desta forma, a idéia de uma vida única não nos permitiria entender, como alguém que só age em harmonia, sofre constantemente, aparentando ser vítima do destino. Na realidade, está colhendo agora, o aprendizado do seu passado turbulento. Além de se compreender com essas leis a causa dos padecimentos, tem-se o consolo de poder se edificar, agora, as bases sólidas da futura construção de paz e harmonia. O médico, escritor e orador, Ricardo Di Bernardi, nos diz o seguinte: "Vítimas e algozes do passado podem se reaproximar novamente através de renascimentos em um mesmo lar. A figura doce e suave de um bebê facilmente enternece pai e mãe. A lei da reencarnação propiciou condições para que, neste instante, inimigos do passado se abracem, chorem de emoção e passem a desenvolver uma nova experiência: a experiência do amor" (Livro – Vôo Livre –Mundo Maior –SP. 1999)

Para essas chances de redenção e perdão, quis Deus que não nos lembrássemos as nossas vidas anteriores, certamente para nos dar a possibilidade de reajustes e reparos necessários e não entrássemos novamente em desajustes. A recordação dessa ou daquela falta grave, mormente daquelas que jazem recalcadas no espírito, sem que o desafeto e a corrigenda funcionem por válvulas de alívio às chagas ocultas do arrependimento, cria na mente um estado anômalo que podemos classificar de "zona de remorso", em torno da qual a onda viva e contínua do pensamento passa a enovelar-se em circuito fechado sobre si mesmo, com reflexo permanente na parte do veículo fisiopsicossomático ligado a lembranças das pessoas e circunstâncias associadas ao erro de nossa autoria.

É assim que o remorso provoca distonias diversas em nossas forças recônditas, desarticulando as energias do corpo espiritual, criando predisposições mórbidas para essa ou aquela enfermidade, entendendo-se, ainda, que essas desarmonias são, algumas vezes, singularmente agravadas pelo assédio vindicativo dos seres a quem ferimos, quando imantados a nós em processo de obsessão (Livro – Evolução em Dois Mundos – Francisco Cândido Xavier. Espírito André Luiz – FEB – RJ).

Somente com fim elucidativo vamos nos ater à classificação do Espírito André Luiz, em possíveis posições que a *Vítima* pode estar, em sua caminhada, com referência a *débitos*:

-*Estacionária*: quando a vida passa sem mudança de atitude íntima;

-*Resgate Interrompido*: quando o sujeito abandona a situação em que está e mete-se em nova complicação;

-*Aliviada*: quando a ação positiva for encetada na liquidação da dívida;

-*Dívida Expirante*: quando liquida o erro sem cometer novos;

-*Dívida Agravada*: quando repete o erro anterior;

-*Resgate Coletivo*: quando ocorre em grupo, todos com a mesma dívida.

Ainda com o mesmo instrutor, vejamos os tipos de situações em que podemos estar vinculados em nossa caminhada evolutiva atual:

-*Tentação:* é a estado que revela a situação do nosso Espírito com referência ao seu estágio evolutivo. Essa situação demonstra nossas fraquezas e a dificuldade de resistir aos fatos ilícitos e imorais e demonstra pelas nossas tendências.

-*Prova*: é o exame realizado através da tentação para avaliar o progresso realizado, até então, classicamente conhecido por *testemunho*.

-*Provação*: é usada somente com significado de sofrimento.

-*Expiação*: é o castigo imposto ao erro praticado, isto é, sofrer o mesmo que fez outro sofrer.

-*Reparação*: é o ato praticado para reajustamento a vítima ou devolução do que lhe é devido.

Porém, desses débitos e situações citadas, que podem ou não, estarem ativas em determinado período de nossa existência, geralmente ocorrem por meio de *impulsos* que incidem em certas condutas do dia-a-dia. A respeito, assim se exprimiu o incomparável historiador, botânico, jornalista e escritor espírita, Carlos Toledo Rizzini, a respeito do *Impulso*: "é o estado de excitação do sistema nervoso central que surge em resposta a um estímulo interno ou externo, o qual poderá ser uma pessoa, cena, conversa, palavra, insulto, bebida etc.". Continua o grande mestre, "nossas ações são determinadas por uma variedade de impulsos inconscientes, que se associam a necessidades e desejos dos quais temos consciência. As forças que dão origem às nossas atitudes e condutas, levando-nos à ação, são de natureza emotiva e correspondem às usuais palavras: desejo, necessidade, ânsia, anelo e paixão, conforme vários matizes e intensidades". Cita ainda o pensamento de Karen Horney: "além dos impulsos espontâneo e natural, incluiu o *impulso compulsivo,* como sendo forças enfermiças que iniciam e sustentam as neuroses, também chamadas de *tendências neuróticas*, isto é, impulsos destinados a atender as necessidades doentias do Espírito". (Evolução Para o Terceiro Milênio. Editora Cultural Espírita Ltda.-Edicel-Sobradinho.DF.1994)

Vítimas de ataques de animais

Nosso ordenamento penal, em primeiro lugar, visa proteger a coletividade e, secundariamente, as pessoas em sua individualidade, assim, ocorrem também no caso de perigos e danos causados pelos animais, animais esses, quando de responsabilidade de alguém.

No Decreto-Lei 3688, de 03 de outubro de 1941 (Lei das Contravenções Penais), referente à omissão de cautela na guarda ou condução de animais, assim se expressa:

Art. 31. Deixar em liberdade, confiar à guarda de pessoas inexperientes, ou não guardar com a devida cautela animal perigoso.

Pena – Prisão Simples de 10 (dez) dias a 02 (dois) meses, ou multa.

Parágrafo único – Incorre na mesma pena quem:

a)na via pública, abandona animal de tiro, carga ou corrida, ou confia a pessoa inexperiente;

b)excita ou irrita animal, expondo a perigo segurança alheia;

c)conduz animal, na via pública, pondo em perigo a segurança alheia.

Se nessas circunstâncias, ou seja, o animal não só leva perigo como diz o artigo supra, mas chega a lesionar alguém, essa contravenção perde a eficácia para o artigo 129 do Código Penal que trata das Lesões Corporais dolosas (com intenção) ou culposas (sem intenção), com pena mais grave, indo de 02 (dois) meses de detenção a 08 (oito) anos de reclusão.

Os casos de ataques de animais contra o homem, lesionando-o ou tirando-lhe a vida, tem aumentado consideravelmente nos últimos tempos, mas é bom lembrar que desde os registros bíblicos fala-se da violência dos animais contra seres humanos. São leões e tigres que devoravam os cristãos (esses animais ficavam em jaulas e sem alimentação) e atualmente atacam na África; são cobras que rasteiramente fazem suas vítimas; são cachorros que atacam estranhos e até os próprios donos (muitas vezes são treinados pelo homem para o ataque); são os tubarões que investem nas praias, sem falar de outros animais venenosos e pestilentos que trazem problemas graves para o homem.

Agora, pergunta-se, por que toda essa violência dos animais contra o Homem? A resposta está no próprio homem, com suas violências praticadas contra os mesmos, tornando-os vítimas indefesas e carregam as estigmas do sofrimento. Domando e locupletando os animais a custa de longas jornadas de trabalho pesado e mal alimentados; cativeiros longos em jaulas; cobaias de laboratórios que vivem em biotério (viveiro de cobaias), onde sofrem horrores em mãos de profissionais inescrupulosos que não usam cuidados especiais com os animais (sem emprego de anestesia); prática de caça; briga de galo; matadouros; retirada de glândulas, em vida, para composição de remédios e muitas outras atrocidades.

Para abrandar os sofrimentos de nossos irmãos irracionais, instituíram-se leis para suas proteções. A primeira e mais antiga é o Decreto-Lei nº 3688, de 03 de outubro de 1941 (Lei das Contravenções Penais), sobre a crueldade contra os animais:

Art. 64. Tratar animal com crueldade ou submetê-lo a trabalho excessivo:

Pena – Prisão Simples, de 10 (dez) dias a 01 (um) mês, ou multa.

§ 1º Na mesma pena incorre aquele que, embora para fins didáticos ou científicos, realiza em lugar público ou exposto ao público, experiência dolorosa ou cruel em animal vivo;

§ 2º Aplica-se pena com aumento de metade, se o animal é submetido a trabalho excessivo ou tratado com crueldade, em exibição ou espetáculo público.

A segunda é a Lei nº 5197, de 03 de janeiro de 1967, de proteção a Fauna onde preserva os animais silvestres na sua vivência fora do cativeiro, sendo propriedade do Estado e proibido a sua comercialização, perseguição, utilização, destruição, caça ou apanha, com pena de reclusão de 02 (dois) a 05 (cinco) anos para quem violar essa Lei e é crime inafiançável.

A terceira e mais moderna é a Lei nº 6638, de 08 de maio de

1979, que estabelece normas para a prática didático-científica da vivissecção de animais e determina outras providências, a saber:

Art. 1º Fica permitida, em todo o território nacional, a vivissecção de animais, nos termos dessa Lei.

Art. 2º Os biotérios e os centros de experiências e demonstrações com animais vivos deverão ser registrados em órgão competente e por ele autorizados a funcionar.

Art. 3º A vivisseção não será permitida:

I. sem o emprego de anestesia;

II. em centros de pesquisas e estudos não registrados em órgão competente;

III. sem a supervisão de técnico especializado;

IV. com animais que não tenham permanecido mais de 15 (quinze) dias em biotérios legalmente autorizados;

V. em estabelecimentos de ensino de primeiro e segundo graus e em quaisquer locais freqüentados por menores de idade;

Art. 4º O animal só poderá ser submetido às intervenções recomendadas nos protocolos das experiências que constituem a pesquisa ou os programas de aprendizado cirúrgico, quando, durante ou após a vivisseção, receber cuidados especiais.

§ **1º** Quando houver indicação, o animal poderá ser sacrificado sob estrita obediência às prescrições científicas.

§ **2º** Caso não sejam sacrificados, os animais utilizados em experiências ou demonstrações somente poderão sair do biotério 30 (trinta) dias após a intervenção, desde que destinados a pessoas ou entidades idôneas que por eles queiram responsabilizar-se.

Art. 5º Os infratores desta Lei estarão sujeitos:

I. às penalidades cominadas no Art. 64, *caput*, do Decreto-Lei nº 3688, de 03 de outubro de 1941, no caso de ser a primeira infração;

II. à interdição e cancelamento do registro do biotério ou do centro de pesquisa, no caso de reincidência. Encerrando esta parte de estudos sobre vítimas de ataques de animais, lembramos que os animais não possuem Espírito, somente um princípio espiritual a ser desenvolvido, no entanto, alguns deles são possuidores de instinto refinado e alto grau de sentimento. As enfermidades e deformações que ocorrem com os mesmos não são decorrentes de passados delituosos, mas reflexos das atividades danosas executadas pelas próprias mãos dos homens, como exemplo, são retirados de seus *habitats* e colocados em jaulas; são domados e colocados em serviços desgastantes; usados como cobaias em experiências terríveis e muitas vezes mal alimentadas. Ainda influi nas enfermidades dos animais o uso desregrado de venenos agropecuários e inseticidas que além de afetarem a Natureza e o Homem, também afetam os animais em seus organismos mais sensíveis.

Vítimas de medo

O "Estímulo Fobígeno", ou causador do medo, teve sua raiz biológica do fenômeno emocional do medo na origem dos seres unicelulares primitivos, que em respostas ao impacto de um agente externo perturbador, inibia-se em seus movimentos rotineiros. Com o desenvolvimento do sistema nervoso na organização biológica, tais reações passaram a ser condicionadas e perceptíveis antes dos fatores depressores externos atacarem. Em outras palavras, antes de sofrer algo, ocorre à previsão do possível dano, assim, constituindo o que se chama medo.

Destarte, as causas do medo são intrínsecas e pertencem à estrutura pessoal, visto provirem da reunião de vários processos surgidos no decorrer do prolongado curso da evolução biológica e psíquica do ser humano. Quanto aos motivos agravantes do temor descontrolado, estes estão relacionados com desagradáveis experiências vivenciadas no presente, ou mais acentuadamente, em vidas passadas.

Para instruir este estudo, vamos acoplar nesta seqüência os registros contidos no livro, Psicologia e Espiritismo (Editora O Clarim. Matão, SP. 1996), do nobre escritor e pesquisador, Carlos Toledo Rizzini, a respeito das modalidades de medo:

Modo Instintivo = a forma de medo que se manifesta instintivamente, dos registros já existentes, de modo automático e idêntico em todos os seres, pois quando percebido, já emergiu a reação. Ex. o cavalo treme ao pressentir a cobra ou a onça; o raio desperta movimentos de temor no homem.

Medo racional = condicionado na experiência e na razão. Ocorre quando se fala dele, sendo que no primeiro caso reação ante o dano; no segundo, reação ante o perigo.

Medo Imaginário = ligado a uma cadeia de associações distorcidas em razão do absurdo e insensatez de que se reveste, mais conhecido por *superstições*.

Continuando com suas lições: "A intensidade da invasão pelo medo percorre fases sucessivas:

1.Estado de Prudência – o sujeito torna-se modesto; autolimita-se.

2.Estado de Concentração – torna-se cauteloso; preocupado, ansioso.

3.Estado de alarme – torna-se alarmado; desconfiado; inseguro.

4.Estado de Angústia – o sujeito está angustiado; aflito; surgem sinais de cólera.

5.Estado de Pânico – a conduta torna-se automática; descontrolada.

6.Estado de Terror – sobrevém inércia; o indivíduo está 'petrificado de terror'.

Com raras exceções, a pessoa quando se torna vítima de qualquer gênero de crime, como por exemplo, vítima de violência, de acidente, de um golpe, de roubo ou furto de veículo, fixa em si, os momentos dessa ação maléfica, tornando-se um trauma, que poderá carregar por toda sua existência, quiçá em vidas futuras. Esse fato, denominamos de "síndrome de vítima", pois terá em sua mente sempre a figura dos participantes da ação e da própria "res furtiva", reconhecendo em tudo ou em todos que se assemelham com os fatos ocorridos. Explicamos: se teve um veículo roubado, quando cruzar com um outro parecido, identificará esse como sendo o seu roubado. Idêntico fato poderá ocorrer com pessoas que se aproximam da fisionomia dos seus algozes. São momentos terríveis que ficam registrados como um choque psíquico, abalando o complexo orgânico, podendo levar a vítima, até a praticar uma injustiça com pessoas assemelhadas.

Em geral, nosso atual nível evolutivo, ele (o medo) é um elemento perturbador ou mesmo destrutivo, porque pertence a um nível inferior, que já deveria estar superado. A luta contra ele está na ação confiante e inteligente, ou dito de outro modo mais claro: em procurar o cumprimento de seus deveres, ainda que com medo deles, em esclarecer-se pelo estudo e espiritualizando-se.

Não poderíamos deixar de registrar ensinamentos profundos, a respeito do medo, da veneranda Joanna de Ângelis que assim se pronuncia no livro, O Despertar do Espírito (Divaldo Pereira Franco. Livraria Espírita Alvorada Editora. Salvador. BA. 2000.): "O instinto de conservação da vida induz o indivíduo a manter receios em torno de tudo quanto é desconhecido, que lhe apresenta como ameaçador. A necessidade de segurança, tendo em vista a própria e a sobrevivência da prole, induz ao medo das ocorrências imprevistas, que se podem apresentar de maneira desastrosa. Não obstante, esse fenômeno se encontra ínsito na criatura humana como decorrência das experiências anteriormente vivenciadas, outros tipos de medo se apresentam como resultado de transtornos psicológicos, de atavismos ancestrais, de ansiedades mal contidas, de convivências perturbadoras. Finalizando, colocamos as seguintes instruções da entidade: (...) A libertação do controle inconsciente desses sentimentos perturbadores é de vital importância para a auto-realização".

Agora, as excelsas palavras do Espírito Emmanuel com respeito ao medo, num estudo da passagem evangélica do Mestre Jesus: "E tendo medo, escondi na terra o teu talento..." (Mateus 25:25). Na parábola dos talentos, o servo negligente atribui ao medo a causa do insucesso em que se infelicita. Contara apenas com um talento e temera lutar para valorizá-lo. Quanto aconteceu ao servidor invigilante da narrativa evangélica, há muitas pessoas que se acusam pobres de recursos para transitar no mundo como desejariam, e recolhem-se à ociosidade, alegando o medo da ação. Se receberdes, pois, mais rude tarefa no mundo, não te atemorizes à frente dos outros e faze dela o teu caminho de progresso e renovação. Por mais sombria que seja a estrada e que foste conduzido pelas circunstâncias, enriquece-a com a luz do teu esforço no bem, porque o medo não surgiu como justificativa aceitável no acerto de contas entre o servo e o Senhor.

Por fim, passamos a trazer esclarecimentos de como ocorre no setor espiritual a ação do medo, de conformidade com a citação feita pelo escritor Ricardo Magalhães, no livro, O Poder Magnífico do Pensamento (Editora Mundo Maior. SP - 2002): "Todo pensamento cria uma série de vibrações na substância do "corpo mental", correspondente à natureza do mesmo pensamento, e que se combinam em maravilhoso jogo de cores (...) O pensamento, preocupado com a resolução de um problema, produz filamentos espirais (...) A cólera, por exemplo, assemelha-se ao ziguezague do raio, o medo provoca jactos de substância pardacenta, quais salpicos de lama".

Vítimas das doenças

A vida, após a sua criação por Deus, está destinada a uma evolução que vai do átomo ao espírito puro ou de luz, trajetória essa que deverá ser realizada em nosso planeta Terra e em outros orbes, e tudo que vem acontecer está vinculado a essa mesma vida. Não há qualquer razão quando a grande maioria de pessoas atribui fatos ocorridos ao azar ou a sorte, a um poder inferior ou superior, não procurando apurar a verdade dos fatos, pois preferem sempre, e em tudo, aceitar o lado mais comodista e fácil.

Diz acertadamente, Valcapelli e Gasparetto, "Você é a

causa de tudo". (Metafísica da Saúde. Editora e Gráfica Vida e Consciência. SP. Vol. I. 2000. Pág.13)

A doença, tanto pode ser por problemas psicológicos adquiridos na caminhada atual, quanto por reflexos de atitudes de outras vivências, as quais são utilizadas para reparos respectivos, como também, para despertar a procura dessas realidades, quando então, encontrará alívio para seus sofrimentos, até a cura, por ficar conhecendo a causa de tudo. Quando o Mestre Divino disse àquela mulher enferma: "a tua fé te curou", foi devido que a mesma saiu a procura do porquê do seu mal, tanto por meio dos médicos, que não lhe curaram, quanto ao Médico dos Médicos, que lhe trouxe os esclarecimentos necessários do seu sofrer, curando-a.

O Homem é um ser integral, entre o Corpo Físico, Corpo Espiritual (Perispírito) e o Espírito, e quando se encontra vítima de qualquer situação, deve procurar a causa, em conjunto, nesses três aspectos, aí então, saberá os motivos que o levaram a ser vítima e será liberto desses entraves. Razão da afirmativa de Jesus: "conhecereis a verdade e a verdade vos libertará". (Jo. 8,32)

Toda enfermidade sempre resulta das conquistas negativas de vidas passadas de cada um, onde bombardeios de energias deletérias plasmam no Corpo Espiritual (Perispírito) futuras manifestações de doenças.

"A punição maior para o culpado é a presença da culpa esculpida na consciência", ensina Manoel Phinomeno de Miranda, e acrescentamos, a qual se manifestará no corpo físico ou psíquico. (Grilhões Partidos. Livraria Espírita Alvorada. Salvador. BA.1997)

Recordando palavras de *Emmanuel* no livro Justiça Divina (Francisco Cândido Xavier. Editora da Federação Espírita Brasileira. RJ.1962) "Todos somos enfermos pedindo alta", isso demonstra a situação do nosso Planeta de *provas e expiações,* devido a débitos contraídos em vidas passadas que resultam em enfermidades presentes, as quais deverão ser expelidas a partir do nosso íntimo, com mudanças de nossas condutas.

As doenças orgânicas ocorrem em decorrência das necessidades *cármicas*, convocando o ser humano a reflexões que levam a mudança da conduta moral para retorno do equilíbrio orgânico. Já nas patologias congênitas, o corpo perispiritual impõe os fatores *cármicos* modeladores do futuro corpo físico, sob impositivos que impedem a reincidência no fracasso vivenciados em vidas outras.

Deus quer que cada um saia do seu interior vitimatizado para encontrar a verdade da vida eterna, esse é o motivo importante de nossas encarnações sucessivas, caminhar para a perfeição possível que é o caminho de Deus.

Agora, aquele que aceita a doença e julga que está no mundo para sofrer esse mal, abraçando essa idéia infeliz, realmente carregará tal doença até a morte física e ainda a levará em seu corpo espiritual, a espera do despertamento da verdade. Certamente que há casos e casos que se deve levar em conta, pois, devido ainda a inferioridade do ser humano, surgirão as doenças como um escape para a purificação do Espírito Eterno, mas nunca devemos aceitá-la como vítima de qualquer ordem, mas como fato purificador do Espírito, não se prendendo à mesma, aí sim, virá o alívio desse caminho depurativo.

As doenças evoluem no corpo material em conseqüência ao enfraquecimento ou diminuição dos anticorpos (glóbulos brancos) que são as defesas do organismo no ataque das bactérias, vírus e bacilos. Por outro lado, essas defesas são controladas pelas condutas de cada individualidade, sendo que com a diminuição da prática moral, ou seja, com a imoralidade aceita pela pessoa, de qualquer matriz, enfraquece-se o campo de força defensiva no homem, facultando a invasão microbiana no organismo, permitindo o aparecimento de seqüelas de várias ordens, afetando tanto a parte física quanto a psíquica. Na realidade tudo está vinculado aos fluxos energéticos desse corpo integral do homem.

Assim, entendendo o homem como sendo um Espírito Eterno, rumo a perfeição, necessita de vivências em corpo físico para o aperfeiçoamento indispensável, tanto neste planeta Terra, quanto em outros, e que nesse percurso, muitos ainda se perdem em conflitos íntimos e com outros caminheiros, resultando prejuízos e sofrimentos nesses litígios.

Ora o prejudicado em seus bens ou o lesionado na sua consciência, não justiçado, desencarna nesse conflito íntimo carregando o peso da rixa e do ódio contra o seu agressor que acarretará uma simbiose com o ainda encarnado que auspiciou tais acontecimentos, resultando em obsessão por encontrar receptividade de ambas partes, desenvolvendo nesse mecanismo a chamada "parasitose espiritual", que afeta o corpo espiritual, e este, em conseqüência, o corpo material em forma de enfermidades com diagnóstico difícil e cura complexa.

O Espírito que assim age com o intuito de "fazer justiça com as próprias mãos", não se dá conta que sua infeliz atitude, pois, é idêntica àquele que o infelicitou. Angaria conseqüências más para o amanhã e dá continuidade ao "círculo vicioso" das condutas humanas, como, por exemplo, "olho por olho, dente por dente", demonstrando desconhecer o Cristianismo que recomenda, em sentido contrário, a compreensão e o perdão das ofensas, em razão, que muitas vezes, está se recebendo o que praticamos outrora.

Entende-se assim, que o ser humano é a soma das suas experiências de hoje e as adquiridas em existências pretéritas, com as quais, constrói o próprio caminho futuro. A ninguém é dado o direito de tornar-se regularizador das Leis Divinas, pois, possui mecanismos hábeis para regularizar os entreveros, sem contudo, gerar novos devedores.

Com raríssimas exceções, a Humanidade é afetada por doenças orgânicas, em face ao incompleto desenvolvimento moral do Homem, as quais agem como redenção espiritual dos males praticados, necessitando da educação ou reeducação para elevar o padrão moral e, como resultado, a cura.

O Espírito Joanna de Ângelis, em seu livro O Homem Integral (Psicografo por Divaldo Pereira Franco - Livraria Espírita Alvorada Editora. 1990)-, nos traz o seguinte ensinamento: " o sofrimento em si mesmo, é fonte motivadora para as lutas de crescimento emocional e amadurecimento da personalidade, que passa a compreender a existência de maneira menos sonhadora e mais condizente com sua realidade. Algumas fases da terapia liberativa do sofrimento são:

Considerar todos os indivíduos como dignos de ser amados e tomar por modelo alguém que o ama e se lhe dedica, por isto mesmo, credor de receber todo o afeto;

a)Identificar e estimular os traços de bondade do caráter alheio;

b)Aplicar a compaixão quando agredido;

c)O amor deve ser uma constante na existência do homem. Ensina ainda: "a chama que clareia exteriormente projeta luz, mas faz sombra; enquanto a que se manifesta do interior, irradia-se por igual em todas as direções, sem gerar qualquer escuridão".

Na realidade, o enfermo a procura da cura, precisa posicionar-se em aberto, mental e emocionalmente, a procura da possível cura pelo processo do conhecimento e certeza de tal possibilidade, com a ajuda de Jesus, o Médico Divino, proporcionando a receptividade adequada para esse fim. Com esse propósito firme cria-se a reação orgânica favorável à movimentação da energia bloqueada pelos condicionamentos doentios advindas de seqüelas cármicas que proporcionaram distúrbios degenerativos no corpo físico, mental e emocional.

A fé racional é o processo de conhecimento e certeza mencionado, por isso tudo pode e, no seu mecanismo, aciona no íntimo do homem, geradores de forças, modificando completamente a paisagem interior, em seguida, transforma a paisagem exterior do ser. A fé quando se apresenta, em "Espírito e Verdade", estimula a ação e vibra gerando energias que irá vitalizar toda a maquinaria do corpo físico. Aí é que entra a recomendação evangélica: "pedi e dar-se-vos-á" e "buscai e achareis". Assim, Deus assiste aos que se ajudam a si mesmos, segundo a máxima "ajuda-te que o céu te ajudará" (Evangelho Segundo o Espiritismo. Cap. 27. Editora Mundo Maior).

A Doutrina Espírita ensina que "a energia encontra-se presente em tudo, aguardando que o pensamento a comande, a direcione", não havendo necessidade da procura dos milagres para glorificação de Deus, pois, nada no Universo se produz fora do âmbito das leis gerais e perfeitas. Deus não faz milagres, porque, sendo, como são, perfeitas as suas leis, não lhe é necessário derrogá-las. Se há fatos que não compreendemos, é que ainda nos faltam os conhecimentos necessários, dentre eles, destas verdades sobre as energias que curam e da fé racional.

Há casos que ainda devemos registrar a respeito de moléstias graves e permanentes na caminhada evolutiva da pessoa, as quais, muitas vezes, não podem ser curadas, porque representam resgates cármicos em desenvolvimento, entretanto, podem ocorrer benefícios para o doente e, no mínimo, conseguirá uma atenuação do sofrimento e, com certeza, depuração do Corpo Espiritual.

O insigne Carlos Toledo Rizzini, em sua obra, Evolução Para o Terceiro Milênio (Editora Cultural Espírita Edicel Ltda. 11ª Edição. 1994. Pág.123), assim se expressa a respeito: "existem moléstias orgânicas originárias de lesões perispirituais (ou seja, afetado o Perispírito) que surgiram de erros e abusos anteriores e doenças expiatórias, impostas ao reencarnante como indispensáveis a resgates necessários. Nas primeiras, o indivíduo lesou a si mesmo e a moléstia corporal é uma expressão da lesão do Perispírito; (ex: suicídio, uso de bebidas, drogas etc.); nas segundas, o indivíduo lesou terceiros". (ex: prática de homicídio, lesões graves etc.)

Segundo Platão, "a cura deve começar na alma", e acrescentamos, "terminar no corpo físico", através da Medicina.

Vítimas de drogas

Em 1970, a Organização Mundial da Saúde, acresceu um novo conceito para os usuários de drogas, usando a denominação de *"farmacodependente"*, os quais nessa dependência, podem ser levados a um estado psíquico e até físico, resultante da interação de medicamento no organismo físico, caracterizada por modificações no comportamento e de outras reações da pessoa, implicando num impulso de forma contínua.

As drogas podem ser sintéticas ou naturais, as quais tem verdadeiro tropismo (atração) pelo sistema nervoso, por isso, chamado de *psicotrópicos*. Do mesmo modo que a luz age sobre os nossos olhos, o odor sobre o nosso olfato, o ruído sobre os nossos ouvidos, os objetos reconhecemos pelo nosso tato, os *psicotrópicos* agem sobre nosso cérebro, que é o nosso "órgão da mente".

Dependendo da substância química usada, o cérebro será ofuscado e sofrerá infinitas variações, que pode ir da lucidez até o completo embotamento da mente, além disso, poderá ocorrer alteração do encéfalo, que se traduzirá num desequilíbrio completo da personalidade.

Assim, a tristeza, a angústia, a melancolia, poderão, em princípio, serem banidas pelas *drogas euforizantes;* as incompreensões, as frustrações, os recalques e as preocupações, poderão ser afogados pelas *drogas entorpecentes*; as denominadas *anfetaminas* afastarão o cansaço, a sonolência, prolongando a vigília, o desgaste, a atenção e a energia; a agitação nervosa e a extrema excitação, poderão ser anuladas com as *drogas sedativas* ou *soporíferas*, conhecidas por *barbitúricos;* as *alucinógenas*, fazem penetrar no mundo dos sonhos, no mundo das fantasias, dos delírios e das paranóias. Então se pergunta, estaria a felicidade de um indivíduo encerrada em uma pílula, em uma ampola, em uma erva ou num "pó"? NÃO. O emprego desses medicamentos tem surtido efeitos maravilhosos nos hospitais, ambulatórios e consultórios médicos, no entanto, seus efeitos colaterais têm suscitado verdadeiras tragédias no indivíduo, na família e na sociedade.

A droga psicotrópica, por exemplo, atuando no sistema nervoso central e, particularmente, no cérebro, interfere nos mecanismos de autocontrole e julgamento. Assim, dependendo da quantidade e do tipo da substância química, ficam prejudicadas as decisões e julgamentos, deixando o usuário à mercê dos seus instintos, onde desencadeiam a agressividade e a violência latente no homem.

As motivações alegadas para o consumo de drogas são as mais diversas, entre elas: procura de novas sensações; o desejo de fuga; a curiosidade; a necessidade de pertencer ao grupo; a rebeldia ou protesto das novas gerações contra o sistema sócio-político; desavenças familiares; a busca de coragem ou auto-afirmação; necessidade de combater o ócio; a influência dos consumidores; a vida sectária; a transição para a vida adulta; os desajustes sexuais; os complexos físicos; a descrença dos valores humanos, sociais e religiosos; as psicopatias; as tendências homossexuais e muitas outras que ainda poderíamos relacionar.

Evidente que a toxicomania resultará conseqüências drásticas na vida do usuário, como péssimo rendimento no trabalho, perdas econômicas, verdadeira "cruz" para a família, prejuízos para o Estado e perigo para a sociedade. Via de regra, torna-se marginal. A mulher, encaminha-se para a prostituição; o homem, para a vadiagem, a mendicância e as inversões e perversões sexuais. Não raro, a droga leva seu usuário a doenças, como gastrite, úlceras, cardiopatias, insônias e até ao suicídio.

Para entendermos a complexidade da subjugação dos narcóticos e entorpecentes nas suas vítimas, há necessidade da seguinte elucidação: o homem encarnado, em princípio, possui três partes: o *corpo físico, o corpo espiritual (perispírito) e* o *espírito.* Por outro lado, homem desencarnado (sem o corpo físico) fica somente com duas partes: o *corpo espiritual (perispírito) e o espírito*, pois o físico perdeu. O *corpo espiritual* é formado de uma matéria sutil, invisível e intangível a encarnados, matéria esta retirada da psicosfera terrestre, sendo o elemento fundamental da ligação do espírito-corpo ou do corpo-espírito, conforme o caso e, em cada reencarnação, toma a forma do corpo físico gerado pelos pais, graças a duas das suas inúmeras propriedades: moldagem e elasticidade.

Lembrando ainda, o corpo humano é um maravilhoso empréstimo da vida, para a vida, e qualquer excesso, qualquer abuso, qualquer uso indevido com o mesmo, acarretará danos em sua estrutura material densa e, em maior escala, refletirá no corpo espiritual por ser mais sutil e mais sensível. Em outras palavras, os desajustes voluntários do ser humano, além de ocasionar enfermidades físicas, acarretarão tormentos espirituais e sofrimentos nas próximas existências.

Com a morte do corpo físico, o perispírito mantém, integralmente, as mesmas sensações experimentadas na jornada terrena com o corpo desagregado, seguindo encontro com outros Espíritos desencarnados com as mesmas tendências, gostos, vícios, e com eles conviverá. No caso de toxicômanos, em particular, conviverá com desencarnados viciados, em regiões cinzentas de sofrimentos, sempre na busca da satisfação do vício que trouxera impregnado em si.

Os vícios, os ódios, as vinganças e os desvarios do sexo, oferecem campo a perigosos germes psíquicos na esfera da alma. Paralelamente aos micróbios alojados no corpo físico, existem bacilos de natureza psíquica, quais larvas, portadoras de vigoroso magnetismo animal. Essas larvas e as emanações fluídicas que exalam dos encarnados delinqüentes e viciados de todos os gêneros, constituem alimento habitual dos espíritos desencarnados de mesma afinidade, tornando-se verdadeiros "vampiros" .

Instalada a dependência, quem poderá ajudar o *farmacodependente*, são os seguintes:

a) O Próprio Viciado.

Todos os estudos feitos e toda experiência humana acumulada, até então, indicam que o viciado só se cura se ele quiser. Assim, é preciso que no seu íntimo desperte a força de vontade para tanto. Pode ocorrer em três circunstâncias:

I- Voluntariamente: quando dispõe-se, espontaneamente a deixar o vício;

II-Compulsoriamente: quando por causa dos danos físicos causados pelas drogas, terá que deixá-las, caso contrário morrerá;

III-Fraternalmente: quando por influências externas, de parentes e amigos (encarnados e desencarnados) reconhecerá seu descaminho.

b) A Medicina.

É indispensável tratamento médico especializado, pois a supressão repentina das drogas poderá causar problema, conhecido por "síndrome da abstinência".

c) A Religião.

O espírito humano é uma criação divina e não foi criado para o mal, senão sim, para evoluir sempre. O corpo é um sublime empréstimo e se constitui num incomparável instrumento do Espírito, quando na sua jornada terrestre.

Se o *farmacodependente* entender e aceitar estas verdades, desenvolverá o respeito pela VIDA, o respeito a si mesmo e o respeito a DEUS, não permitindo jamais que as drogas e outros agentes destruidores retardem a sua evolução espiritual e roubem a sua paz.

Quando uma criatura acumula débitos perante a Justiça Divina, por inferioridade ou ignorância, esta lhe concede as oportunidades necessárias para o devido resgate e reajuste, através da redentora reencarnação.

Indagamos assim, a Doutrina Espírita pode ajudar o dependente químico? Sim. Desde o momento que o paciente se predispõe a sair dos seus vícios, deverá freqüentar reuniões doutrinárias, receber passes e fazer uso de água fluidificada, paralelamente ao necessário acompanhamento médico. Assim, além de receber tratamento físico e, muitas vezes também psicológico, receberá ensinamentos de responsabilidades perante os atos praticados e valorização da vida.

Vítimas de obsessão

Em princípio, para instruir este capítulo, vamos emprestar a definição de obsessão do ínclito escritor, Carlos Toledo Rizzini (Evolução Para o Terceiro Milênio. Editora Edicel. Sobradinho-DF. 1994): "É a influência maléfica, mais ou menos persistente, que Espíritos, tão ou mais atrasados do que nós, podem exercer sobre nossa vida mental e, daí, sobre nossa conduta". Essa influência pode ser temporária ou duradoura, dependendo sempre da intensidade do relacionamento anterior e da afinidade existente entre ambos, obsessor e obsediado. Em outras palavras, ao prejudicarmos uma pessoa, atraímos da mesma, vibrações ou energias, de desespero, de revolta ou de desejos de vingança, que vão repercutir em forma de desequilíbrio psíquico ou até em enfermidade física. Caso o prejudicado venha a desencarnar nessas condições, levará consigo toda essa revolta em forma de energias negativas que, automaticamente, ligarão ao ofensor ainda encarnado, o qual poderá apresentar quadros de neurose ou psicose, que muitas vezes, a medicina ortodoxa não consegue controlar pelo motivo que o mal está no Espírito.

A obsessão possui três fases distintas, a saber, *fase da fascinação*, quando o obsessor envolve o encarnado com ilusão, orgulho e vaidade; *fase da subjugação,* quando ocorre o domínio moral do encarnado e *fase da possessão*, o mais grave, pois haverá domínio moral e físico.

Essa complexidade é toda decorrente de sintonia de afinidade moral. A maioria dos casos de obsessão, com raras exceções, o responsável é sempre o encarnado, que por via de regra geral, joga a responsabilidade para o Espírito desencarnado, esquecendo que ele próprio carrega as mesmas energias do Espírito obsessor. Assim, as nossas vibrações provenientes de orgulho, ambição, ciúmes, vícios, as quais emanamos pelo pensamento, atraem e permitem a aproximação de entidades desencarnadas de mesma freqüência vibratória que vão sintonizar conosco. Todavia, nem todos são obsessores conscientes, mas Espíritos que possuem idêntica afinidade com tais encarnados. Exemplos materiais, desses fatos espirituais, podemos elencar os casos de pessoas que se reúnem com os gostos semelhantes, para fins de beber um "drink", para mesa de jogos e até para uma rodada de tóxicos, não são inimigos para serem obsessores, mas comungam as mesmas idéias inferiores. O processo obsessivo pode ocorrer entre encarnados e desencarnados, entre dois encarnados, quando um subjuga o outro, ou até entre dois desencarnados que situam no mesmo plano e nas mesmas energias.

Acrescemos ainda que, afora da obsessão individual que o ser humano está sujeito devido a sua inferioridade energética que liga a outros Espíritos de mesma freqüência, ocorrem processos obsessivos dentro de uma mesma família, em certas regiões e até em cidades, chamadas de "obsessão coletiva".(Allan Kardec. Revista Espírita. Dez.1862; jan/fev. 1863 e abr/maio de 1863).

Agora, quando ocorrer um desentendimento com ofensas entre duas pessoas, e a ofendida, mais espiritualizada, perdoar as ofensas recebidas, não haverá essa sintonia de afinidade fluídica, e o agressor, que cultivou as energias respectivas da sua ação, se ligará a terceiros possuidores das mesmas sintonias, quando então, receberá tal influência cobradora da sua maldade. Sabiamente o Mestre Nazareno ensinou: "onde estiver o cadáver, aí se ajuntarão as águias" (Mateus 24:28), correspondente ao indivíduo que não possui a fé raciocinada, e equivalente a um morto para a espiritualidade, ficando a mercê dos Espíritos inferiores.

Não devemos nos esquecer que contraída a dívida com o nosso próximo, em razão de nossa imperfeição e ignorância da lei de causa e efeito, não quer dizer que devemos sempre pagar na mesma moeda como corriqueiramente se diz, mas podemos compensar essas dívidas que temos com irmãos que já não vestem mais roupagem humana, melhorando nossas condições morais e intelectuais, praticando caridade com terceiros que nem conhecemos, assim, sairemos da sintonia daquelas energias negativas, pois evoluímos e não mais iremos errar como no passado.

Quando Jesus manda reconciliar o mais rápido possível com seu adversário, é justamente, para não criar laços obsessivos que poderão durar várias encarnações de sofrimentos, dores e atraso evolutivo, pois todo processo de obsessão está vinculado a um problema pretérito não resolvido.

A desobsessão, técnica Espírita especializada para libertar as mentes que se interdependem, no comércio infeliz da submissão espiritual, especialmente aplicada nos fenômenos que caracterizam a dominação de um espírito sobre um ser encarnado, ela se apóia em dois elementos essenciais: o esclarecimento do vingador que cobra, por ignorância ou perversidade, os delitos do passado e a renovação moral do devedor, a vítima atual, que se transferiu da situação de algoz de ontem para a de dependente pagador de hoje. Diz com toda assertiva Manoel Philomeno de Miranda (Antologia Espiritual. Livraria Espírita Alvorada Editora. Salvador. BA. 1993) "a compaixão dos comparsas ou litigantes; o interesse de ajuda recíproca; o anelo pela felicidade; os requisitos essenciais do arrependimento do endividado e do perdão do credor são fundamentais para que ocorra a recuperação de ambos, por se encontrarem enfermos, mesmo que ignorando a doença mental de que se faz objeto o verdugo e os distúrbios que ocorrem no paciente".

Vitimas de crime

No intróito deste tema, vamos consignar conspícuo ensinamento dos irmãos Newton e Valter Fernandes, contido no livro Criminologia Integrada (Editora Revista dos Tribunais. SP. 1995) que nos vai instruir a respeito deste assunto: "Toda pessoa é um criminoso potencial, mas são imprescindíveis contatos e direções de tendências para torná-la criminosa ou respeitadora da lei". Com essas palavras, demonstram também o nosso entendimento, no sentido de que todas as pessoas trazem em si, aquilo que acabam por revelarem durante sua vivência presente, com exceções daqueles que conseguem criar uma resistência que acaba por inibir as suas tendências negativas do passado e, por outro lado, reativam as conquistas benéficas conquistadas, até então. Desse modo, com a transição que vem ocorrendo no planeta, grande parte das reencarnações que ocorreram no final do século XX e no início do nosso século, são de Espíritos que trazem todas as maledicências praticadas no passado de ignorância, para as últimas oportunidades de reajustes, tentando se adequar à transformação moral que vem acontecendo. Esses fatos são os responsáveis pelos conflitos sociais que vem ocorrendo no seio das sociedades. Assim, com este conhecimento, já não temos mais medo do crime em si, mas do próprio Homem, por trazer inerente à sua formação biológica, à sua formação psicológica, à sua formação ética e moral, aquilo adquirido nas existências anteriores e que estão refletindo na atual, devido as tendências e predisposições que cada um apresenta.

Como já vimos anteriormente, com raras exceções de missionários que reencarnam com o propósito de despertar o ser humano da ignorância da realidade da vida espiritual, somos todos Espíritos com energias evolutivas compatíveis com as energias deste orbe, que está caminhando, lentamente, para sair da situação de planeta de "prova e expiação" e evoluir para planeta de "regeneração". Isso quer dizer que ainda carregam débitos de outras inúmeras vivências, onde sobrepujava as conquistas dos mais fortes sobre os mais fracos, onde prevalecia a injustiça praticada pelos que tinham o poder e a autoridade sobre os mais humildes, tudo por ignorância das Leis Divinas, que tem como suporte, referente a Justiça, a Lei de Causa e Efeito.

No contexto da criminalidade, vale ressaltar que, sendo um Espírito e tendo vindo de anteriores encarnações com essa ou aquela tendência (ódios, amores mal-resolvidos, desejos de vingança, enfim problemas morais e espirituais de causas diversas), traz consigo ao nascer, impresso em seu subconsciente, toda essa bagagem espiritual, ou seja, tendências negativas. Tal conjunto de fatores, dependendo de circunstâncias diversas, poderá aflorar como uma predisposição para o erro, pois conforme ensina a ciência espírita, cada um traz em sua própria intimidade predisposições nas áreas em que menos progrediu ou mais se endividou.

O pensamento e sentimento expressam a vida dos seres humanos sob o comando da vontade que irá orientar a sua conduta. O pensamento vibra de acordo com a freqüência de cada um, expressando o teor dos sentimentos que o animam. Cada pessoa é a soma de suas aquisições ao longo do tempo vivenciado e refletem em forma vibratória no campo da psicosfera da pessoa.

O Espírito André Luiz assim se expressa a respeito desse assunto: "O pensamento espalha nossas próprias emanações em toda parte a que se projeta. Deixamos vestígios espirituais, onde arremessamos os raios de nossa mente, assim como o animal deixa no próprio rastro o odor que lhe é característico, tornando-se por esse motivo facilmente abordável pela sensibilidade olfativa do cão". (Nos Domínios da Mediunidade, (Francisco Cândido Xavier. Federação Espírita Brasileira. Cap. 26. RJ. Ano 1954).

Motivo que aqueles que em vidas pretéritas, galanteadores que causaram danos irreparáveis nas pessoas que confiaram em suas promessas, costumam reencarnar trazendo em si os "odores libidinosos em sua aura espiritual" que irão atrair outros afins de idêntica inclinação, desta vez em forma de vítima, situações de assédios e agressões sexuais, em conseqüência, das suas drásticas condutas passadas, possivelmente, com essas mesmas pessoas.

Com todo esse passado latente na alma, por conseqüência lógica, é atraído para aqueles com os quais está em débito. É a Lei de Causa e Efeito promovendo, por sua vez, a reaproximação dos culpados, ao mesmo tempo em que lhes concede uma nova oportunidade para os devidos reacertos. Por isso se diz que nada acontece por acaso ou sem que haja para tal uma forte razão, objetivando sempre fins produtivos, sendo essa uma das grandes características da Justiça Divina.

Habitualmente, renascem juntos, na mesma consangüinidade, aqueles que ainda não acertaram os desentendimentos pretéritos, no caminho da evolução, com o escopo de laborarem com a bênção do buril da dificuldade sobre as dificuldades que lhes impedem a harmonia geral. São os cônjuges infortunados, os pais que não toleram os filhos, os filhos rebeldes contra os progenitores e até irmão contra irmão que procuram se exterminar numa cadeia de magnetismo opostos criados em vidas pretéritas.

Pode ocorrer ainda, o caso de que a própria vítima do passado não possa estar diretamente no ambiente da cobrança, quando então, ocorre que outras personalidades reencarnantes, que nada tem a ver com o caso passado, interferem na conduta que seria da vítima, por possuírem influências energéticas idênticas à mesma, como "cobradores intrusos".

Tais conflitos, se alimentados pela insistência na ignorância ou pela má vontade quanto a uma positiva reforma interior, tomam vulto gradativamente, saindo do íntimo com mais força negativa, extrapolando os princípios básicos e elementares da convivência social, para chegarem, inevitavelmente, ao corpo físico do semelhante. São os estupros, homicídios de todo tipo, infanticídios, abortos, extermínios de familiares e outras tantas monstruosidades, que não valem a pena lembrar.

E quem são as vítimas desses desvarios, senão possíveis desafetos espirituais e personagens de um drama do passado, identificado subconscientemente pelo agressor. Se pudéssemos buscar no passado espiritual de cada um a história de um desses ferozes acontecimentos, encontraríamos lá reunidos, não raras vezes, adversários de encarnações anteriores marcados por ódios seculares.

Desse modo, mesmo Deus enviando, periodicamente, emissários ilustres alertando sobre os abusos praticados pelos Homens, por estarem cegos na compreensão dessas Leis, não atendem a esses chamamentos. Para piorar a situação, as religiões fraudaram, e ainda fraudam, textos sagrados que expressamente ensinavam a reencarnação e davam as responsabilidades nas ações de cada um. Mesmo reunindo todos esses fatos, as conseqüências estão às nossas vistas; tantas violências, tantos crimes, tantas faltas de responsabilidades. Se de uma parte, aí estão os criminosos e violentos do passado, retornando a esta vida trazendo impregnado no Espírito as tendências resultantes de suas práticas; de outra parte, sofrem também os revides das suas próprias vítimas pretéritas, as quais, infelizmente, não perdoaram esses seus algozes e cobram o que sofreram em suas mãos, vezes com o próprio trauma sofrido. Este é o quadro das vítimas de crimes que encontramos na sociedade. São pessoas que sofrem traumas diversos, sem saberem de suas origens; são pessoas que sofrem perseguições e injustiças diversas, sem que alguém venha lhe trazer o consolo e orientação para saída desse amarra de situações; são pessoas que se dizem vítimas de furtos ou roubos, uma, duas, três, cinco, sete, dez, quinze vezes, sem receberem qualquer orientação das raízes desses acontecimentos. Por que são vítimas tantas vezes? Por que tal perseguição e injustiça? Por que esses prejuízos em seus patrimônios, conquistados com suores e sacrifícios?

Tudo isso tem uma lógica. Tudo isso tem uma resposta. Se recebeu nova oportunidade de reencarnação, é que houve um motivo respeitável para esse retorno. Cabe a cada um procurar quem possa nos dar a resposta convincente. Notamos exemplos de insignes cientistas que, mesmo com padrão de vida excelente, isolam-se, na procura de respostas e soluções para alívio da Humanidade. Quando não se encontra resposta na ordem física das coisas, tem que se voltar para a espiritual. Se a sua religião não lhe traz a resposta e a solução que tanto procura, não se desespere e nem lhe mal diga, pois, caminha evolutivamente, porém, mais lenta, devido as suas raízes tradicionais que a impeçam de progredir mais rápido. Mas, Deus na sua infinita misericórdia e bondade sempre nos acolhe em nossas aflições e já algum tempo nos enviou, como fora prometido por Jesus, a Filosofia, a Ciência e a Religião que a tudo responde e dá o caminho seguro para não mais se sofrer como vítima: A Doutrina Espírita, como bem o nome diz: Doutrina dos Espíritos de Deus.

Destarte, o caminho certo é procurar desatar os laços que nos prendem passado menos feliz que tivemos com outros irmãos de caminhada, onde predominava em nós, a ganância, o egoísmo e o orgulho, em prejuízo dos que conviviam e dependiam de nós. São laços fluídicos que atamos e que só se dispersarão com a nossa participação, primeiramente, nos estudos e entendimentos dessa Lei, depois, exercitar a prática, sempre alicerçado pelo perdão para com todos que nos cercam, material e espiritualmente. Aí estaremos desatando esses laços cármicos e ganhando a liberdade para vivermos "sem medo de sermos vítimas".

Toda essa teoria é comprovada pela Ciência, principalmente pela Medicina, nos ramos da Biologia, Endocrinologia e Genética, que demonstra, quando da formação física, a presença de pares de cromossomos alterados que trazem anomalias e deformidades físicas e de caráter, os quais são responsáveis pelas manifestações das tendências e propensões para o crime. Dessa forma, as vidas sucessivas em corpos físicos, são escolas de aprendizado e progresso para o Espírito e, em conseqüência, o aprimoramento dos novos corpos físicos, que a cada existência, torna-se mais perfeito e mais sutil, em razão de não receber mais cargas negativas advindo do Espírito, por se encontrar mais purificado.

De uma forma geral, com as exceções dos missionários, a vítima e o criminoso do presente, possuem um vínculo pretérito, ainda não justiçado ou perdoado, por não prevalecer o amor e a resignação entre ambos, ou, estarão adquirindo nesta existência, laços infelizes que refletirão no futuro, aguardando os devidos equilíbrios dentro das Leis de Deus.

Vítimas coletivas

As grandes comoções que ocorrem na nossa sociedade material trazem sempre enormes indagações e dúvidas por parte de pessoas que ainda não adquiriram conhecimentos das verdades evangélicas a respeito da Lei de Causa e Efeito e das vidas sucessivas. Segundo ainda ensinamentos Evangélicos, "não caí uma só folha da árvore sem que Deus saiba" e, com toda certeza, as vítimas coletivas não foram obras do acaso, mas sim, todas estavam cadastradas nos anais da espiritualidade para participarem dessas desencarnações coletivas.

Muitos desses fatos são conseqüências de Leis Naturais, ou juridicamente chamadas de "casos fortuitos", como maremotos, terremotos, erupções de vulcões etc., porém, outros ocorrem por acidentes ou desastres, que são provocados pelo próprio homem, como p.e, acidentes aéreos, marítimos, ferroviários e, hoje em dia, até por ato terrorista. Ora esses fatos acontecem sem serem provocados por Deus, mas, em ambos tipos de ocorrências, há a influência do ser humano, direta ou indiretamente. No primeiro caso, pelo acúmulo de energias negativas emanadas das condutas e pensamentos inferiores da Humanidade, acumuladas na psicosfera da Terra, acabam descarregando em forma de ação da Natureza; no segundo caso, pela imprudência do próprio homem.

Essas ocorrências, chamadas catastróficas, que ocorrem em aglomerado de pessoas, em famílias inteiras, em toda uma cidade ou até em uma nação, não são determinismo de Deus, em conseqüência as infringências de Suas Leis, o que tornaria assim, em fatalismo. Não. Na realidade são determinismos assumidos na espiritualidade, pelos próprios Espíritos, antes de reencarnar, com o propósito de resgatar velhos débitos e conquistar uma maior ascensão espiritual. O Espírito André Luiz, no livro Ação e Reação, afirma esses fatos: "nós mesmos é que criamos o *carma* e este gera o determinismo" (Francisco Cândido Xavier. Editora da Federação Espírita Brasileira. RJ. 1956)

São ações praticadas no pretérito longínquo, muito graves, e por várias encarnações vamos adiando a expiação necessária e imprescindível para retirada dessa *carga* do Espírito, com o fim de galgar vôos mais altos. Assim, chega o momento para muitos, por não haver mais condições de protelar tal decisão, e terão que colocar a termo a etapa final da redenção pretendida perante as Leis Divinas. Dessa complexidade de fatos é que geram as chamadas *vítimas coletivas*.

Os Espíritos Superiores possuem todo conhecimento prévio desses fatos supervenientes, tendo em vista as próprias determinações assumidas pelos Espíritos emaranhados na teia de suas construções infelizes, aí, providenciam equipes de socorro altamente treinadas para a assistência a esses Espíritos que darão entrada no plano espiritual. Mesmo que o desencarne coletivo ocorra identicamente para todos, a situação dos traumas e do despertar dependerá, individualmente, da evolução de cada um. Estes fatos, mais uma vez André Luiz confirma: "se os desastres são os mesmos para todos, a morte é diferente para cada um". (idem anterior)

Assim, a Providência Divina, com sua pré-ciência, aparelha circunstâncias de hora, dia e local, para congregar aqueles que assumiram tais resgates aflitivos, e, por outro lado, os que não vão fazer parte desse processo coletivo, por um motivo ou outro, não estarão presentes.

Do livro *Tempo de Transição*, do escritor Juvanir Borges de Souza (Editora FEB. Brasília-DF. 2ª edição. 1988), tiramos os seguintes ensinamentos referentes a este assunto: "...o mesmo princípio aplicável a cada indivíduo estende-se às coletividades; uma família, uma nação ou uma raça formam as individualidades coletivas;" "...entidades coletivas contraem responsabilidades agindo como individualidades coletivas, respondendo por seus atos e pelas conseqüências deles;" "...as expiações coletivas são os resgates de ações anteriores praticadas em conjunto pelo grupo envolvido;" "...os grupos se reúnem na Terra para tarefas ou missões comuns, assim com são reunidos, para purgar faltas cometidas em conjunto, solidariamente, assim, o inocente de hoje pode estar respondendo por seus atos de ontem;" "...a Providência Divina tem meios e formas para determinar os reencontros, o reinício das tarefas, os resgates, tanto no plano individual quanto no coletivo, em processos complexos que nos escapam à percepção".

Em seguida, o preclaro escritor traz exemplos significativos, lembrando da escravatura negra no Brasil que, durante três séculos foi uma instituição oficial, uma mancha social da qual resultam efeitos morais e espirituais até em nossos dias. Recorda ainda, a Guerra do Paraguai, onde esse país, de menores recursos humanos e materiais, arcaram com sofrimentos e dificuldades muito pesados, entretanto, passados mais de um século desse triste acontecimento, os governos uniram-se em tratado de honra e os dois povos construíram a maior usina hidroelétrica do mundo, que proporciona enorme progresso às populações de ambos países, com considerável vantagem para o Paraguai, uma vez que o empreendimento foi custeado na sua quase totalidade pelo povo brasileiro. Entende-se como uma espécie de ressarcimento de débito do passado, sob a forma de compreensão, cooperação e realizações positivas e justas.

Existem ainda, *vítimas coletivas*, provenientes de seguirem pessoas com alto grau de persuasão, mas de baixo senso moral, que conseguem anular sentimentos e raciocínios de pessoas despreparadas e com tendência ao materialismo, inculcando ensinamentos de *salvação* através de atos externos, apregoando os suicídios coletivos. Mais uma vez, recorremos das palavras sábias do escritor Amilcar Del Chiaro Filho (Tirando Dúvidas. Editora Mundo Maior. SP. 2001): "Quando a pessoa se fanatiza por alguma coisa, especialmente pelas idéias religiosas, o desequilíbrio se apresenta, e o que é distorcido, desatinado, parece reto, equilibrado. Existe alguma relação com obsessores? Sim, existe. Espíritos obsessores se aproveitam das disposições dos encarnados para dominar-lhes a mente e impor-lhes a própria vontade".

Transcrevermos ainda, palavras do Prof. Waldo Lima de Valle, retiradas do seu livro, Morrer. E Depois! (Editora União. João Pessoa. PB. 1997): "mortes coletivas são provações muito dolorosas para os que ficam e também para os que partem, mas integram programas redentores do Espírito endividado perante a Lei e condição para que possam usufruir, merecidamente, as glórias da Vida Eterna (...) a dor coletiva corrige falhas mútuas, dos que partem e, também, dos que ficam".

O Meigo Nazareno, como não poderia deixar de ser, sabiamente fez parte das suas Boas Novas, ensinamentos sobre essas vítimas, registrado no Novo Testamento, em Lucas, 13.1-5: "Naquela mesma ocasião, chegando alguns, falavam a Jesus a respeito dos galileus, cujo sangue Pilatos misturara com os sacrifícios que os mesmos realizavam. Ele, porém, lhes disse: Pensais que esses galileus eram mais pecadores do que todos os outros galileus, por terem padecido estas cousas? Não eram, eu vo-lo afirmou: se, porém, não vos arrependerdes, todos igualmente perecereis. Ou cuidais que aqueles dezoito, sobre os quais desabou a torre de Siloé e os matou, eram mais culpados que todos os outros habitantes de Jerusalém? Não eram, eu vo-lo afirmo; mas, se não vos arrependerdes, todos igualmente perecereis". Isso significa que os que padecem desse drama no desencarne não são mais culpados do que outros, também habitantes deste planeta ainda inferior, pois carregamos todas dívidas e imperfeições de Espíritos que faz jus reencarnar aqui na Terra. O que precisa é o *arrepender* que Jesus ensina, ou seja, não mais praticarmos o mal contra nosso irmão, e praticarmos sim, a caridade para compensar o mal já efetivado em vidas passadas, para termos oportunidade de escaparmos dessas aparentes tragédias.

Para encerrarmos este assunto completamos com outra parábola de Jesus que demonstra materialmente essa verdade: "Certo homem tinha uma figueira plantada na sua vinha e, vindo procurar fruto nela, não achou. Pelo que disse ao viticultor: Há três anos venho procurar fruto nesta figueira, e não acho; pode cortá-la; para que está ela ainda ocupando inutilmente a terra? Ele, porém, respondeu: Senhor, deixa-a ainda este ano, até que eu escave ao redor dela e lhe ponha estrume. Se vier dar fruto, bem está; se não, mandarás cortá-la" (Lucas 13.6-9). Fica assim comprovado que Deus espera de nós os frutos que devemos dar pela oportunidade da reencarnação, no sentido de melhorarmos moral e espiritualmente, para não termos que expiarmos, drasticamente, nossas faltas pretéritas.

Vítimas de provas e missões

Segundo Aurélio Buarque de Holanda Ferreira (Dicionário Básico da Língua Portuguesa. Editora Nova Fronteira. RJ. 1995), "*prova* é aquilo que atesta a veracidade ou a autenticidade de alguma coisa". No sentido espiritual, *provas*, "é ação ou meio de pôr à prova a constância, a resignação e a virtude já conquistada". É bom lembrar que as provas são sempre escolhidas pelo próprio Espírito, com finalidade de exercitar o já conquistado e possibilitar o avanço mais rápido na senda espiritual. Em geral, fora das *missões,* as grandes provas são indícios de um fim de sofrimento e de um aperfeiçoamento do Espírito, desde que aceitas com resignação e perdão. Todos que seguiram Jesus sabiam que o destino a percorrer seria de luta e martírio, todavia, há casos em que o missionário não é devedor de qualquer passado, relacionado com o que irá se submeter, mas por amor aos desígnios de Deus, os cumprem com alegria e fé, em favor daqueles que sofrem e desconhecem as Verdades Divinas. "Eis que vos envio como cordeiros no meio de lobos" (Lucas 10:3).

Lições exemplares encontram nas palavras de Carlos Toledo Rizzini (Evolução para o Terceiro Milênio. Editora Cultural Espírita Edicel Ltda. DF. 1994), com respeito a *provas*: "*prova* é um exame que consiste em ser submetido a uma tentação para avaliar o progresso realizado e sua firmeza". De modo geral, todo aquele que se incumbe de passar por uma *prova*, espontânea e desprendida, em favor do próximo e que servirá para edificação espiritual, passará realmente por uma verdadeira "prova de fogo", como bem o Apóstolo Paulo ensinou: "e o fogo provará qual seja a obra de cada um" (I Corintos, 3:13). Por outro lado, *missão*, é um encargo ou poder que se confere a alguém com um determinado fim. É um compromisso; é um dever a cumprir. "As mais importantes *missões* não são confiadas senão aos que se sabem capazes de as desempenhar e incapazes de falhar ou as comprometer" (RE. 1868. Pág.70).

Jesus, o Divino Mestre, Espírito Puro e a Luz que envolve o planeta Terra, é o maior exemplo que temos de Espírito Missionário enviado à Humanidade. Ele que nunca disse ou praticou qualquer ato que pudesse merecer alguma censura, não foi recebido pela maioria como sendo o Enviado Divino que viria reestruturar a trajetória planetária para mais rápido chegarmos a Deus. Preparou-se mil anos para o seu retorno à carne, abaixando sua sintonia de luz para poder conviver neste meio físico mais grosseiro, com o propósito de trazer, como o Cristo de Deus, ensinamentos necessários para a evolução e progresso do Homem, mas devido à ignorância que ainda predominava na época, recusaram o seu Evangelho de Harmonia e Paz e aplicaram-No a mais cruel e infamante das mortes, a crucificação. "Eis o Cordeiro de Deus", sacrificado por amor a Humanidade ou "Eis o Cordeiro de Deus, que tira o pecado do mundo! (Jo 1.29; Mt.3.1; Mc 1.2-8; Lc 3.1-18)

O Mestre Divino não possuía nenhum passado a expiar, muito menos que vinculasse aos homens aqui na Terra, motivo que prevaleceu a profecia a seu respeito, "nenhum dos seus ossos será quebrado"(João 19:36), no entanto, arcou sobre si toda a energia negativa que plainava na psicoesfera, resultante da ignorância do ser humano da época. Seu vínculo com o Homem já era outro: trazer o Evangelho Redentor da Humanidade, em *missão* de sacrifício e angústia com o fim de implantar o Amor e a Justiça. Tinha conhecimento do que Lhe esperava, mas esse seria o caminho que, seguido e praticado, levaria todos a uma aproximação ao Criador, muito mais rápida e sem sofrimento.

Outros vieram em *missão* para darem continuidade a esse Seu propósito, como Confúcio, Hermes, Pitágoras, Gautama, Santos da Igreja, Médiuns, encarnando em ambientes diversos para melhor divulgação dessas Leis de Deus. Todos foram mensageiros d'Aquele que era o Verbo do Princípio e Emissário do Amor. Todos esses missionários, contribuíram e contribuem, na tarefa regeneradora da Humanidade, com suas participações fidelíssimas nos testemunhos dos ensinamentos do Cristo. Esses abnegados trabalhadores da Seara do Mestre, reencarnam com essas *missões* e, ao mesmo tempo, dão continuidade à evolução própria e do planeta, sem serem devedores de passado infeliz e veredam em verdadeiros caminhos de lutas e espinhos, para prosperar as Verdades Divinas.

Compulsando O Livro Dos Espíritos, no capítulo X, que trata das "Ocupações e Missões Dos Espíritos", o Codificador da Luz, indaga dos Espíritos Superiores, com as seguintes perguntas e respectivas respostas:

Perg. 558 = Além do trabalho de auto-aprimoramento têm os Espíritos outras ocupações?

R= "Concorrem para a harmonia do Universo, executando a vontade de Deus, do qual são ministros".

Perg. 568 = Os Espíritos que têm missões a cumprir, cumprem-nas no estado errante (ou seja, na espiritualidade onde ficam os Espíritos que estão sujeitos a novas reencarnações) ou encarnados?

R= "Tanto num estado, quanto noutro. Para certos Espíritos errantes é uma grande ocupação".

Perg. 571 = Só há Espíritos elevados no desempenho de missões?

R= "A importância das missões está em relação direta com a capacidade e a elevação do Espírito".

Perg. 573 = Em que consiste a missão dos Espíritos encarnados?

R= "Instruir os homens, ajudá-los a progredir, melhorar as suas instituições pelos meios diretos e materiais..."

Perg. 576 = Os homens que têm uma missão importante, estão predestinados a ela antes de seu nascimento, e têm consciência disso?

R= "Às vezes sim; mas na maior parte das vezes o ignoram. Ao virem à Terra, têm um vago sentimento a respeito; após o nascimento, sua missão se desenvolve gradualmente e de acordo com as circunstâncias. Deus os impulsionam no caminho em que devem cumprir os seus desígnios".

Diz ainda o Prof. Rivail, nesse capítulo: "As missões dos Espíritos têm sempre o bem como objetivo. Seja como Espíritos, seja como homens, são encarregados de ajudar o progresso da Humanidade, dos povos ou dos indivíduos, num círculo de idéias mais ou menos amplo e especial, de preparar caminhos para certos acontecimentos, de velar pela realização de certas ocorrências".

Vítimas natas

Vítima nata, segundo o criminólogo Orlando Soares (Biblioteca Jurídica Freitas Bastos. 1986), "é aquela que cria situações propícias à condição de vítima, quer por esperteza, velhacaria ou talvez, por desejo de inspirar a piedade, a comiseração e atenção complacente da sociedade, como forma de compensação psicológica, por infortúnio ou imitação de sofrimento dos mártires". Já para Hans Von Hentig, um dos pioneiros do estudo sobre a vítima e considerado por muitos criminólogos como o verdadeiro fundador da Vitimologia, conceituou como *vítima-nata*, "aquela que possui um comportamento agressivo, de personalidade insuportável, pessoa que pela maneira de agir ou de viver, culmina em gerar um fato criminógeno". (Contribution de La Vitimologia au Criminologie. Pág. 587. Paul Cornil.

Com certeza, há pessoas mais visadas para se tornarem vítimas, podendo se citar, os bombeiros, policiais, vigias de bancos, pessoas do sexo feminino e de idade avançada; alguns, por exercerem profissão de risco; outros, por serem mais visados pela delinqüência. Generalizando, conclui-se que fatores como a idade, sexo, profissão e a própria densidade e promiscuidade populacional, converte-se em vítimas.

Paralelamente a esses casos, como existem indivíduos com tendências e predisposições para cometimentos de delitos, existem também, vítimas verdadeiramente voluntárias, que são pessoas acintosamente conhecidas como "criadoras de casos", entre elas, indivíduos truculentos, perturbadores, piadistas de mau gosto, insolentes, sendo marcante suas provocações, as quais ensejam clima propício ao crime, onde serão, cedo ou tarde, vítimas.

Contudo, existem as vítimas autênticas, aquelas que nem por ação ou omissão, contribuem para o fato criminoso, não concorrendo de maneira alguma para o acontecimento típico.

Da mesma forma que há criminosos que são recidivantes, categoricamente, existem *vítimas-latentes*, ou seja, pessoas que padecem de um impulso fatalístico para se tornarem vítimas, muitas vezes dos mesmos crimes. Há ainda enorme índice de pessoas como que estigmatizadas por vocação irreprimível para se tornarem vítimas na sua trajetória social. Para nós, respeitando todos esses conceitos, estas são as verdadeiras *vítimas-natas*, por trazerem imantadas chagas de práticas ilícitas no pretérito, refletindo nesta existência, como forma de reparos e reajustes perante suas vítimas de outrora.

O *Determinismo* ensinado pela Escola Positiva entende, por exemplo, no caso do criminoso nato, que ele já nasce com predisposição para a prática de crime, no fundo não está mentido nem tão pouco está com toda verdade.

A esse respeito escreveu Deolindo Amorim:

a)se o homem não é absolutamente livre, pois diversos fatores lhe restringem a manifestação da vontade, não é necessário voltar ao *positivismo penal* para concordar com esta proposição (ou seja, o *Determinismo)*, que é, aliás, muito cediça;

b)também é certo que o homem não é absolutamente abúlico, como se fosse mero joguete de todas as formas de *Determinismo*, seja o *Determinismo* imposto pelo comportamento glandular, seja o *Determinismo* Psicológico, seja enfim, o *Determinismo* das contingências sociais (Livro – Espiritismo e Criminologia – FEB).

Já o *Livre-Arbítrio,* sustentado pela Escola Clássica Penal, no sentido de que o homem é livre para escolher, dentre duas ações distintas, aquela que melhor lhe aprouver, entretanto, há ainda, certas barreiras em nosso mundo para a liberdade total de ação, podendo haver bloqueios físicos ou psicológicos, em razão do nosso estágio evolutivo, de "provas e expiações". Na atualidade, o *Livre-Arbítrio* é comparado ao prisioneiro que pode se movimentar à sua vontade dentro da prisão, mas está limitado às quatro paredes da cela.

A liberdade de escolha existe na fase inicial dos nossos atos, isto é, na fase de causa; feita a escolha e posta em ação entram no domínio dos efeitos e, aí, vigora o determinismo, sendo certo que ambos são relativos. O passado revive no presente. O presente derivou do passado e o futuro promanará do presente. Podemos sempre na expiação, agravar ou atenuar nossa posição perante a Lei. Explica a Mecânica, pelo nome de 3ª Lei de Newton, também conhecida por Ação e Reação, que toda força impulsionada numa dada direção origina outra força, de igual intensidade, mas de sentido contrário.

Por isso mesmo, tangidos pela livre-escolha, nada mais justo que aqueles que fizeram opção pelo mal possam arcar com as conseqüências de seus atos, tendo de resgatar, por si próprios, os débitos adquiridos. Nada mais justo, também, que voltem em novas encarnações para libertarem-se das mazelas edificadas com as próprias mãos - erro corrigido, erro não mais existente.

Determinismo somente acontece por intercessão da espiritualidade maior, no sentido de propiciar a realização daquilo que tenha sido combinado na espiritualidade, antes da reencarnação Os mentores colaboram na escolha de provas e reparos, mas nós mesmos planejamos nosso destino não havendo nada de fatalidade.

Além desse planejamento, na nova vida, traremos tendências *cármicas* que poderá ser, cada minuto, alterado pelo nosso livre-arbítrio.

Nossos pensamentos, sentimentos e condutas são energias que modificam constantemente nosso destino planejado.

O Apóstolo Paulo, grande erudito, já entendia certas situações que envolviam o *Livre-Arbítrio* e o *Determinismo*, razão que o levou assim se pronunciar em uma de suas epístolas: "Não faço o bem que queria, mas o mal que não quero. Ora, se faço o que não quero, já não sou eu que faço". (Paulo aos Romanos. Cap. 7- v. 19).

Vamos agora descrever, *ipsis verbis,* o que registramos no livro Criminologia -Genética Espiritual – (Editora Mundo Maior. SP. 2001. Capítulo Da Antropologia Criminal), de nossa autoria, a respeito do *Livre Arbítrio* e *Determinismo*:

"O *Livre-Arbítrio*, filosoficamente, é uma concepção ligada à idéia de que Deus confere ao homem plena capacidade de discernimento do bem e do mal, sendo assim, um exercício necessário para desenvolver a razão e a justiça. Por outro lado, o *Livre-Arbítrio* é uma liberdade moral que direciona o homem à responsabilidade de seus atos e tendo como resultado a futura expiação de suas condutas erradas. Ora, o que diferencia os racionais dos irracionais é justamente, pela evolução, a conquista do intelecto por intermédio de nossas ações no nosso meio, que nos leva as conseqüências conhecidas por "causa e efeito" ou "ação e reação". Em *lato sensu*, o *Livre-Arbítrio* é relativo, pois existe certas deficiências físicas que tiram parcialmente a liberdade de agir. Explica o médico pesquisador, Hilário Veiga de Carvalho, em seu livro Compêndio de Medicina legal, (o *Livre-Arbítrio*....) "é o esteio da Teoria Clássica do Direito Penal, antítese da Teoria Positiva, que dá toda ênfase aos fatores biológicos (corpo físico) e fatores mesológicos (meio ambiente) que originaram o crime". "Por *Determinismo* entendeu-se como parte do princípio geral de que há uma relação entre os fenômenos em geral, ficando rigorosamente ligados a certos atos, pelo condicionamento a outros precedentes. Por esse raciocínio explicam a cadeia da relação causal, ou seja, relação de causa e efeito e antecedente e conseqüente. Ora, com esse entendimento, o homem seria sempre um predestinado, o que não se admite, pois pela misericórdia de Deus, o homem sempre recebe em seu caminho, condições de aliviar suas dívidas através de suas condutas, sendo assim, o determinismo também é relativo. Diz corretamente a respeito, Carlos Toledo Rizzini (Evolução Para o Terceiro Milênio. Edice. 1978): "Há, em nossas vidas, uma faixa de determinismo, referente ao passado culposo, sobre o qual não podemos aplicar a liberdade de escolher: os acontecimentos que daí resultam são conseqüência de outros acontecimentos anteriores e não podemos mudá-lo à vontade". Em síntese, sem o *Livre-Arbítrio*, o homem não teria nem culpa por praticar o mal, nem mérito em praticar o bem.

Tafofobia (medo doentio de ser sepultado vivo) são na realidade as mesmas que, em vidas pretéritas, em ação cruel, soterraram ou sepultaram alguém vivo, sofrendo a Lei de Causa e Efeito, podendo ou não sofrer a mesma ação, dependendo do caminho que tenha seguido nesta encarnação.Outro fato que podemos colocar, como exemplo, é ó caso mulher que em vidas passadas, abusou da sexualidade em prejuízo de homens que tiveram suas vidas arruinadas, ou aquelas que destruíram uniões felizes com sua atração sexual, em vida futura, poderá, ser vítima de estupro como remédio tormentoso para retificar a marcha tortuosa criada.

Outro exemplo de vitimização é a referente a João Batista, vítima de decapitação, vinculada também à Lei de Causa e Efeito, pois há oito séculos daquele fato, encarnado como Elias, determinou que fossem decapitados centenas de sacerdotes vinculados ao culto do deus pagão denominado por Baal. Pela bondade de Deus e pelo seu trabalho árduo que operava como precursor de Jesus, as centenas de vítimas que ocasionou, culminou em ser somente decapitado, uma única vez. (ver Mateus, 11:11 e ver livro Tua Fé te Salvou – pág.39)

Lembramos que os resgates de dívidas contraídas são compromissos do próprio autor, entendendo que a ação maléfica praticada, registra-se na própria consciência do agente. Assim, se alguém praticou algum mal a outrem, significa que acabou por registrar o mal em si mesmo. Esse vínculo somente será desatado por duas opções: com a expiação do mal praticado, ou seja, a vítima de hoje é o agressor de ontem, ou, o mais fácil, mas difícil de ser praticado, o perdão da ofensa recebida. Consignamos as palavras sábias do Arcebispo de São Paulo, Dom Cláudio Hummes, que vão de encontro aos fatos aqui revelados: “Só quando conseguir perdoar é que a vítima da violência encontrará a paz” (Jornal O Estado de São Paulo – 08.03.2000)

Em contra partida, se a vítima perdoou a agressão sofrida, não criou os vínculos vingativos, libertando-se do seu agressor e, este, por sua vez, pela Lei da Ação e Reação, sofrerá as conseqüências de sua agressividade, através de um outro agente (outro agressor), que se equipara com suas freqüências inferiores, assim passando pelas mesmas dores que causou à sua vítima.

Com o crescimento espiritual o homem conquistará mais liberdade de discernimento e liberdade de agir, ocasionando a diminuição do *Determinismo* de ser privado de certas ações e deliberações. Tanto o *Livre-Arbítrio*, quanto o Determinismo, levam-nos ao crescimento espiritual, pelo motivo que ambos impulsionam o progresso.

Bem afirmou o apóstolo Paulo: "Todas as coisas me são lícitas, mas nem todas me convêm" (Paulo I Cor. 6:12).

Nos Evangelhos de Jesus há várias referências à lei de causa e efeito, a saber: "Não julgueis para não serdes julgados" (Mt. 7:1); "Com a medida com que medirdes sereis medidos" (Mt.7:2); "Todo o que comete pecado é escravo do pecado" (Jo. 8:34); Todos os que tomarem espada, morrerão à espada" (Mt. 26:52); "E o que quereis que vos façam os homens, isso mesmo fazei vós a eles" (Lc. 6:31).

Para fazermos uma relação entre uma ação praticada e suas conseqüências, vamos consignar, em princípio, os três elementos que constitui o estudo das ciências penais e outros similares, a saber:

CRIME	CRIMINOSO	PENA
CAUSA	CAUSADOR	EFEITO
AÇÃO	ACIONÁRIO	REAÇÃO
INFRAÇÃO	INFRATOR	REPARO

A Doutrina Espírita demonstra que o nosso planeta Terra é uma escola e ao mesmo tempo um hospital, onde Espíritos encarnados buscam seus aprimoramentos intelectuais e morais. Nessa caminhada terrestre, devido a nossa inferioridade quanto as Leis Universais ou Divinas, praticamos atos incompatíveis com tais Leis, principalmente contra nosso próximo e em desfavor da própria Natureza, culminado em sermos punidos pelas leis humanas e transitórias ou, se foram praticadas em vidas anteriores, trazemos impregnado em nosso Espírito as máculas correspondentes às nossas ações.

Vamos demonstrar uma correspondência que existe entre o Presídio e o Hospital. O primeiro, entendendo como local destinado para cumprimento de penas privativas de liberdade, com grades e algemas. O segundo, como local também de cumprimento de pena de processos advindos de vidas passadas, com internações de curta ou longa duração, sem grades, sem algemas. Neste pensamento, relacionamos tal equivalência:

Presídio	**Hospital**
Condenado á morte	***Aids, Câncer, Ebola, e etc.***
Prisão Perpétua	***Deficiência Mental e Física, Tetraplagia e etc.***
Liberdade Provisória comparecer em Juízo mensalmente	***Alta com Restrições*** comparecer em Médico mensalmente
Livramento Condicional - "Sursis"	***Livramento de Doenças através de Cirurgia*** temporariamente livre da doença
Prisão Albergue dorme na prisão e trabalha de dia	***Paciente vinculado, obrigatoriamente, ao Hospital*** ex.hemodiálise; quimioterapia; acompanhamento de doenças infecciosas
Penas Privativas de Liberdade	***Hospitalização Temporária***

Penas Alternativas	
I – Prestação Pecuniária	I – Gastos com Médico e Remédios
II – Perda de Bens e Valores	II – Vendas de Bens p/ gastos com Hospital, Cirurgia, Médico e Tratamentos
III- Vedado	III- Vedado
IV –Prestação de Serviço à Comunidade	IV- Voluntariado
V – Interdição Temporária de Direitos	V — Impossibilidade de Andar, Trabalhar, Dirigir, Lazer
VI- Limitação de Fim de Semana	VI- Internações com "Altas em Fim de Semana"
VII-Perdão	VII-Cura

Para finalizar, vítimas de aborto espontâneo, não respondem por nenhum crime, entretanto, existe uma causa determinante para esse fato ter ocorrido, com certeza vinculada ao presente ou a vivências passadas, em desacordo com as Leis da Natureza.

O crime precipitado pela vítima

Com grande alegria estamos emprestando do emérito pesquisador e professor Dr. Edmundo Oliveira, vice-presidente da América Latina da Sociedade Internacional de Criminologia, do título deste capítulo, bem como parte de sua matéria publicada no boletim do IBCCRIM – Instituto Brasileiro de Ciências Criminais – nº 107, de outubro de 2001, a respeito da participação da vítima no resultado do crime, como a seguir consignamos: "A elaboração da teoria jurídica sobre o crime precipitado pela vítima, para ser aplicada na dogmática penal, não se fez de jato. Abordamos pela primeira vez o tema no VI Simpósio Internacional de Vitimologia, realizado em Jerusalém, Israel, em 1988. O estudo sério em torno da vítima é um dos grandes desafios desse início de século aos cultores das ciências criminais, (grifo nosso) razão pela qual nos dedicamos a essa problemática, tendo como específicos objetivos":

a)inserir na dogmática penal princípios vitimológicos;

b)destacar a importância do exame vitimológico;

c)compreender o núcleo vitimológico da personalidade da vítima;

d)destinar medida de segurança para a perigosidade vitimal;

e)configurar a trajetória vitimal, o *iter victimae*;

f)identificar as oportunidades de precipitação do crime pela vítima.

Na verdade, não são raras as oportunidades em que a vítima vai além de seus limites e passa a ser o agente dominante do crime, quando, por qualquer pretexto, ela adota a via de gerar ou programar as coordenadas de sua própria vitimização, atraindo o agressor, tal qual as ovelhas atraem os lobos nos campos. (...) Designa-se *iter victimae* os caminhos internos e externos, que a pessoa percorre para se converter em vítima no processo de vitimização. As fases do *iter victimae* são:

a)intuição;

b)atos preparatórios;

c)início de execução;

d)execução;

e)consumação.

(...) O exame vitimológico tem por finalidade pesquisar os fatores relacionados aos precedentes pessoais, familiares e sociais, sob os aspectos físico-psíquico, psicológico, social e ambiental, para obtenção de dados indicadores do temperamento e do caráter que formam a personalidade da vítima e podem revelar a existência de determinado grau de perigosidade"

Declaração universal dos direitos da vítima

Em vista da crescente desumanização que se comete em nosso Planeta, nações contra nações, povos subjugando outros povos, o próprio homem individual escravizando seu semelhante, dando asas à ambição exagerada e desmedida, imperando o egoísmo destruidor e a corrupção sem fim, anunciando "os tempos chegados", eis que surgem homens de boa vontade, em trazer alívios e soluções para os homens vitimizados, sem saber porquê dessa situação.

Atendendo necessidades inadiáveis a O.N.U. - Organização das Nações Unidas - em uma de suas assembléias gerais de 1985, aprovou e apresentou a chamada Declaração Sobre os Princípios Fundamentais de Justiça para as Vítimas de Delitos e do Abuso de Poder, assim descrito:

A) As Vítimas de Delitos :

I - Entendem-se por "vítimas" as pessoas que, individual ou coletivamente, tenham sofrido danos, inclusive lesões físicas ou mentais, sofrimento emocional, perda financeira ou diminuição substancial de seus direitos fundamentais, como conseqüência de ações ou omissões que violem a legislação penal vigente nos Estados-Membros, incluída a que prescreve o abuso de poder.

II - Poderá ser considerada "vítima" uma pessoa, de acordo com a presente Declaração, independentemente de que seja identificado, detido, julgado ou condenado o perpetrador e independentemente da relação familiar entre o perpetrador e vítima. Na expressão "vítima", está incluído também, se for o caso, os familiares ou pessoas dependentes que tenham relação imediata com a vítima direta e as pessoas que tenham sofrido danos ao intervir para dar assistência à vítima em perigo ou para prevenir a ação danificadora.

III - As disposições da presente Declaração serão aplicáveis a todas as pessoas sem distinção alguma, quer seja de raça, cor, sexo, idade, idioma, religião, nacionalidade, opinião política ou de outra espécie, crenças ou práticas culturais, situação econômica, nascimento ou situação familiar, origem étnica ou social, ou impedimento físico.

* ACESSO À JUSTIÇA E TRATAMENTO JUSTO

IV - As vítimas serão tratadas com compaixão e respeito por sua dignidade. Terão direito de acesso aos mecanismos da justiça e a uma imediata reparação do dano que tenham sofrido, de acordo com o disposto na legislação nacional.

V - Serão estabelecidos e reforçados, quando for necessário, mecanismos judiciais e administrativos que permitam às vítimas obter reparação mediante processos oficiais ou oficiosos que sejam expedidos, justos, não muito onerosos e acessíveis. As vítimas serão informadas sobre os seus direitos para obter reparação mediante esses mecanismos.

VI - Será facilitada a adequação dos processos judiciais e administrativos às necessidades das vítimas: a) Prestando às vítimas informações sobre o seu papel e a respeito do alcance, do desenvolvimento cronológico e do andamento das atuações, assim como da decisão de suas causas, especialmente quando se trate de delitos graves e quando tenham solicitado essa informação; b) Permitindo que as opiniões e preocupações das vítimas sejam apresentadas e examinadas em etapas apropriadas das atuações sempre que estejam em jogo seus interesses, sem prejuízo do acusado e de acordo com o sistema nacional de justiça penal correspondente; c) Prestando às vítimas assistência apropriada durante todo o processo judicial; d) Adotando medidas para minimizar os sofrimentos causados às vítimas, proteger sua intimidade, se houver necessidade, e garantir sua segurança, bem como a de seus familiares e das testemunhas em seu favor, contra qualquer ato de intimidação e represália; e) Evitando atrasos desnecessários na resolução das causas e na execução dos mandados ou decretos que concedem indenizações às vítimas.

VII - Serão utilizados, quando proceda, mecanismos oficiosos para a solução das controvérsias, incluídas a mediação, a arbitragem e as práticas de justiça consuetudinária ou autóctones, a fim de facilitar a conciliação e a reparação em favor das vítimas.

⋆ RESSARCIMENTO

VIII - Os delinqüentes ou terceiros responsáveis por sua conduta ressarcirão eqüitativamente, quando proceda, as vítimas, seus familiares ou as pessoas sob sua dependência. Esse ressarcimento compreenderá a devolução dos bens ou o pagamento pelos danos ou perdas sofridos, o reembolso dos gastos realizados em conseqüência da ação que a vitimou, a prestação de serviços e a restituição de direitos.

IX - Os governos reverão suas práticas, regulamentações e leis de modo que se considere e ressarcimento como uma sentença possível nos casos penais, além de outras sanções penais.

X - Nos casos em que sejam causados danos consideráveis ao meio ambiente, o ressarcimento exigido compreenderá, na medida do possível, a reabilitação do meio ambiente, a reconstrução da infra-estrutura, a reposição das instalações comunitárias e o reembolso das despesas de reurbanização quando estes danos causem a desagregação de uma comunidade.

XI - Quando funcionários públicos ou outros agentes que atuem a título oficial ou quase oficial, tenham violado a legislação penal nacional, as vítimas serão ressarcidas pelos Estados cujos funcionários ou agentes tenham sido responsáveis pelos danos causados. Nos casos em que já não exista o governo sob cuja autoridade foi produzida a ação ou omissão danificadora, o Estado ou o governo sucessor deverá prover o ressarcimento das vítimas.

⋆ INDENIZAÇÃO

XII - Quando não for suficiente a indenização procedente do delinqüente ou de outras fontes, os Estados procurarão indenizar financeiramente: a) As vítimas de delitos que tenham sofrido importantes lesões corporais ou debilitação de sua saúde física ou mental como conseqüência de delitos graves; b) A família, particularmente as pessoas dependentes das vítimas que tenham sido mortas ou ficado física ou mentalmente incapacitadas como conseqüência da ação danificadora.

XIII - Será fomentado o estabelecimento, o reforço e a ampliação de fundos nacionais para indenizar as vítimas. Quando proceda, também poderão ser estabelecidos outros fundos com esse propósito, incluídos os casos nos quais o Estado de nacionalidade da vítima não esteja em condições de indenizá-la pelo dano sofrido.

⋆ ASSISTÊNCIA

XIV - As vítimas receberão assistência material, médica, psicológica e social que for necessária, através dos meios governamentais, voluntários, comunitários e autóctones.

XV - As vítimas serão informadas a respeito da disponibilidade dos serviços sanitários e sociais e demais assistência pertinente e se facilitará seu acesso a eles.

XVI - Será dada aos integrantes da polícia, da justiça, da saúde, dos serviços sociais e às demais pessoas interessadas, capacidade que os torne receptivos às necessidades das vítimas e diretrizes que garantam auxílio apropriado e rápido.

XVII - Ao proporcionar serviços e assistência às vítimas, se prestará atenção às que tenham necessidades especiais pela índole dos danos sofridos ou devido a fatores como os mencionados no § 3 supra.

⋆ ABUSO DE PODER

XVIII- Serão consideradas "vítimas" as pessoas que, individualmente, ou coletivamente, tenham sofrido danos, inclusive lesões físicas ou mentais, sofrimento emocional, perda financeira ou diminuição substancial de seus direitos fundamentais, como conseqüência de ações ou omissões que não cheguem a constituir violações do direito penal nacional, mas violem normas internacionalmente reconhecidas relativas aos direitos humanos.

XIX- Os Estados considerarão a possibilidade de anexar à legislação nacional normas que proscrevam os abusos de poder e proporcionem recursos às vítimas desses abusos. Particularmente, esses recursos incluirão o ressarcimento e a indenização, assim como a assistência e o apoio materiais, médicos, psicológicos e sociais necessários.

XX - Os Estados considerarão a possibilidade de negociar tratados internacionais multilaterais relativos às vítimas, definidas no § 18.

XXI - Os Estados farão revisão periódica da legislação e da prática vigentes para assegurar sua adaptação às circunstâncias variantes, promulgarão e aplicarão, se for o caso, leis pelas quais sejam proibidos os atos que constituam graves abusos de poder político ou econômico e sejam fomentadas medidas e mecanismos para prevenir esses atos, e estabelecerão direitos e recursos adequados para as vítimas de tais atos, facilitando-lhes o seu exercício.

8

Da Doutrina Espírita

Em 03 de outubro de 1804, nascia na França, na Cidade de Lyon, de ilustre família de magistrados, a personalidade Denisard Hipolyte Léon Rivail, o qual teve como professor, na Suíça, o célebre educador Johann Heinrich Pestalozzi, no Instituto de Yverdon, uma das mais renomadas escolas da época, vindo a suceder ao próprio mestre em Paris.

Publicou várias obras utilizadas no meio acadêmico, introduzindo nova didática na Matemática Moderna e a Gramática Francesa Clássica. Poliglota, veio a traduzir vários livros nas áreas de Matemática, Física, Fisiologia, Astronomia, etc.

Por ter estudado magnetismo, interessou-se pelos fenômenos mediúnicos surgidos a partir da Segunda metade do século XIX. Em 1854, aos cinqüenta anos de idade, respeitado pela comunidade científica, começou a pesquisar tais fenômenos e descobre que havia uma inteligência por trás das manifestações puramente instrumentais (mesas-girantes, hoje conhecido como Poltergeist). Observando as manifestações fenomênicas, parte para a pesquisa experimental, e das conclusões obtidas, publica em 1857, usando o pseudônimo de Allan Kardec (nome que teve em vida passada quando sacerdote, no tempo dos Druidas), *O Livro dos Espíritos*, advindo daí a Doutrina Espírita ou Espiritismo. Na realidade, eram mensagens dos Espíritos Superiores, recebidas por meio da mediunidade, criteriosamente selecionadas.

A Doutrina Espírita, o Consolador prometido por Jesus, possuí três enfoques basilares, no âmbito da Religião, da Ciência e da Filosofia. Como Religião, enfoca os Evangelhos primitivos, sob seu aspecto moral e ético, sem qualquer interferência humana , sem dogmas, nem rituais. Não faz distinções de raça, cor e sexo, e tampouco, emite qualquer crítica às religiões tradicionais (O Evangelho Segundo o Espiritismo e O Céu e o Inferno). Como Filosofia, usa da razão e da argumentação como instrumento para demonstrar a realidade espiritual, a reencarnação, a influência espiritual sobre o mundo físico (O Livro dos Espíritos). Por fim, como Ciência, pela experimentação, ensina e elucida a mediunidade, explica os chamados "milagres", divulga mensagens transmitidas pelos Espíritos sob criterioso método de seleção, e neste terceiro milênio, comprovará a existência do Espírito e do mundo espiritual (O Livro dos Médiuns, A Gênese e Obras Póstumas).

Tivemos como seguidores do Espiritismo, os valorosos pesquisadores, cientistas e escritores, Gabriel Delanne, Léon Denis, Camille Flammarion, Charles Richet, William Crookes, Gustave Geley, César Lombroso, Ernesto Bozzano, Alexandre Aksakoff, e muitos outros, que colaboraram eficientemente na confirmação e divulgação dessa nova Doutrina, orientadora e consoladora da humanidade. Apesar do Espiritismo hoje contar com apenas 145 (cento e quarenta e cinco) anos de existência, segundo o último censo, somos dois milhões e trezentos mil Espíritas convictos, aqui no Brasil e, aproximadamente, vinte milhões de simpatizantes e freqüentadores desses estudos.

Contamos com um exército de divulgadores desta Terceira Revelação das Leis Divinas, nos campos da Medicina, da Psicologia, do Direito, da Física, Sociologia, Antropologia, Filosofia, dentre outras.

A Ciência Espírita compreende duas partes: experimental uma, relativa às manifestações mediúnicas em geral; e a relativa aos estudos científicos nos campos das Astronomia, Química, Bioquímica e outras.

Existe, no Universo, dois elementos ou duas forças: o princípio espiritual e o princípio material. Da ação desses dois princípios nascem fenômenos especiais, que se tornam naturalmente inexplicáveis, desde que se abstraia somente um deles, do mesmo modo que a formação da água (oxigênio e hidrogênio) seria também inexplicável, se fosse considerado apenas um dos seus elementos.

O Espiritismo admite todas as conclusões racionais da Ciência, pois repudiá-la é renegar a obra de Deus.

Os princípios fundamentais da Doutrina Espírita são os seguintes:

-Deus é eterno, imutável, imaterial, único, onipotente, soberanamente, justo e bom;

-Criou o Universo, que abrange todos os seres animados e inanimados, materiais e imateriais;

-Os seres materiais constituem o mundo visível ou corpóreo, e os seres imateriais, o mundo invisível ou espírita, isto é, dos Espíritos;

-O mundo espírita é o mundo normal, primitivo, eterno, preexistente e sobrevivente a tudo;

-O mundo corporal é secundário; poderia deixar de existir, ou não ter jamais existido, sem que, por isso se alterasse a essência do mundo espírita;

-Os Espíritos revestem temporariamente um invólucro material perecível, cuja destruição pela morte lhes restitui a liberdade;

-Os Espíritos pertencem a diferentes classes e não são iguais, nem em poder, nem em inteligência, nem em saber, nem em moralidade;

-Os Espíritos não ocupam perpetuamente a mesma categoria; todos se melhoram passando pelos diferentes graus da hierarquia espírita;

-Deixando o corpo, a alma retorna ao mundo dos Espíritos, donde saíra, para passar por nova existência material, após um lapso de tempo mais ou menos longo, durante o qual permanece em estado de Espírito errante;

-A encarnação dos Espíritos se dá sempre na espécie humana;

-Tendo o Espírito que passar por muitas encarnações, segue-se que todos nós já tivemos muitas existências e que teremos ainda outras, mais ou menos aperfeiçoadas, quer na Terra quer em outros mundos;

-As diferentes existências corpóreas do Espírito são sempre progressivas e nunca regressivas; mas a rapidez do seu progresso depende dos esforços que faça para chegar à perfeição;

-A alma possuía sua individualidade antes de encarnar; conserva-a depois de se haver separado do corpo;

-Na sua volta ao mundo dos Espíritos, encontra ela todos aqueles que conhecera na Terra, e todas as suas existências anteriores se lhe desenham na memória, com a lembrança de todo bem e de todo mal que fez;

-O Espírito encarnado se acha sobre a influência da matéria; o homem que vence esta influência, pela elevação e depuração de sua alma, se aproxima dos bons Espíritos, em cuja companhia um dia estará; aquele que se deixa dominar pelas más paixões, e põe todas as suas alegrias na satisfação dos apetites grosseiros, se aproxima dos Espíritos impuros, dando preponderância à sua natureza animal;

-Os Espíritos exercem incessante ação sobre o mundo moral e mesmo sobre o mundo físico; atuam sobre a matéria e sobre o pensamento e constituem uma das potências da Natureza, causa eficiente de uma multidão de fenômenos até então inexplicados ou mal explicados e que não encontram explicação racional senão no Espiritismo;

-As relações dos Espíritos com os homens são constantes; os bons Espíritos nos atraem para o bem, nos sustentam nas provas da vida e nos ajudam a suportá-las com coragem e resignação; os maus nos impelem para o mal;

-Os Espíritos são atraídos na razão da simpatia que lhes inspire a natureza moral do meio que os evoca;

-A moral dos Espíritos superiores se resume, como a do Cristo, nesta máxima evangélica: fazer aos outros o que queríamos que os outros nos fizessem; neste princípio encontra o homem uma regra universal de proceder;

-Ensinam-nos que o egoísmo, o orgulho, a sensualidade são paixões que nos aproximam da natureza animal, prendendo-nos à matéria;

-A alma é um Espírito encarnado, sendo o corpo apenas o seu envoltório;

-Há no homem três coisas: o corpo ou ser material análogo aos animais e animado pelo mesmo princípio vital; a alma ou ser imaterial, Espírito encarnado no corpo; o laço que prende a alma ao corpo, princípio intermediário entre a matéria e o Espírito;

-Esse laço ou Perispírito, que prende ao corpo do Espírito, é uma espécie de envoltório semi- material; a morte é a destruição do envoltório mais grosseiro; o Espírito conserva o segundo, que lhe constitui um corpo etéreo, invisível para nós no estado normal, porém, pode tornar-se acidentalmente visível e mesmo tangível, como sucede no fenômeno das aparições;

-Tem assim o homem duas naturezas: pelo corpo, participa da natureza dos animais, cujos instintos lhe são comuns; pela alma, participa da natureza dos Espíritos.

Assim como vimos, a Doutrina Espírita, ou Espiritismo é o conjunto de princípios e leis, revelados pelos Espíritos Superiores, contidos nas obras de Allan Kardec que constituem a Codificação Espírita: O Livro dos Espíritos, O Livro dos Médiuns, O Evangelho Segundo o Espiritismo, O Céu e o Inferno e A Gênese. O Espiritismo é uma ciência que trata da natureza, origem e destino dos Espíritos, bem como de suas relações com o mundo corporal. Após o seu desencarne foi concluída mais um livro denominado, Obras Póstumas. Por isso, a Doutrina Espírita é ao mesmo tempo, Filosofia, Ciência e Religião. Como Filosofia toca em todos os ramos da Metafísica, da Psicologia e da Moral, respondendo a todo questionamento. Como Ciência trata da natureza do Mundo Espiritual, do destino dos Espíritos e das relações entre o Mundo Material e o Mundo Espiritual. Por fim, como Religião, aplica toda a Moral Evangélica que é aceita por todas religiões sem qualquer polêmica O Espiritismo nada tem haver com as religiões tradicionais. Tem como princípios a Imortalidade das Almas, a Natureza dos Espíritos e suas Relações com os Homens, as Leis Morais, a Vida Presente, a Vida Futura e o Porvir da Humanidade. A Bandeira Branca do Espiritismo é o slogan, "Fora da Caridade Não Há Salvação" e "Não há fé inquebrantável senão aquela que pode encarar a razão, face a face, em todas as épocas da Humanidade". (O Que é o Espiritismo. Instituto de Difusão Espírita. Araras-SP. 1958)

Revela conceitos novos e mais aprofundados a respeito de Deus, do Universo, dos Homens, dos Espíritos e das Leis que regem a vida. Revela ainda, o que somos, de onde viemos, para onde vamos, qual o objetivo da nossa existência e qual a razão da dor e do sofrimento.

Tem por objetivo combater a incredulidade e suas funestas conseqüências, dando provas patentes da existência da alma e da vida futura, entretanto, não impõe a ninguém e não vem forçar nenhuma convicção. O homem tem a liberdade de consciência e essa liberdade tem que ser respeitada, mesmo que possui princípios errôneos imperará a caridade e a tolerância, pois toda crença imposta é superficial e com aparência de fé.

A crença na vida futura, mostrando a perpetuidade das relações entre os homens, encarnados e desencarnados, estabelece uma solidariedade que não termina no túmulo, mas sim, dá continuidade eterna, entre o túmulo e o berço. Assim, funda-se na existência de um mundo invisível aos nossos olhos físicos, formado por seres que povoam o espaço e que não são outros senão as almas daqueles que viveram sobre a Terra.

A Doutrina Espírita veio lançar luz sobre uma multidão de questões até aqui insolúveis ou mal compreendidas. Seu verdadeiro caráter é o de uma ciência e não de mais uma religião, e prova disso é que conta entre seus adeptos homens de todas as crenças que possuem a mente aberta e usa a razão e o bom senso.

Não admite a Eternidade das penas e da existência do demônio, bem como do Paraíso, Purgatório e Inferno como a Teologia impõe crer. Estes três aspectos de vida futura do Espírito desencarnado, na realidade, são estágios de evolução do Espírito que cada um carrega em si, de conformidade com sua evolução conquistada, podendo ao deixar o corpo físico ir para Mundos Superiores, chamados também de Céus, ou por outro lado, devido suas práticas infelizes, acordar no Umbral, que fica junto à crosta terrestre, onde invés de fogo material encontrará o "fogo moral", que são energias negativas que impedem de adentrar em planos mais felizes. Todas essas fases evolutivas não são eternas, porque a palavra Eternidade entende-se como determinado ciclo indispensável para a escala evolutiva do ser humano. Passado esses períodos necessários na espiritualidade, conforme o caso, retorna a reencarnar mais bem preparados e orientados nos propósitos de reajustar o que veio a desequilibrar no seu meio anterior, com o arrependimento, a expiação das faltas e o reparo providencial que irão expurgar do Espírito todo a energia negativa de práticas e condutas maléficas contra outros irmãos também caminheiros neste campo terrestre.

Por fim, demônio, do grego *demons*, não se entende que são os *Anjos Decaídos* que interpretam das Escrituras, mas sim, os próprios Espíritos dos Homens, pois seria inconcebível que o Espírito evoluísse até conquistar a pureza do Espírito e convivesse a glória de Deus, retrocederia a inferioridade, a ignorância, à maldade, enfim, tornariam ainda pior que o próprio homem ainda atrasado. Não, o Espiritismo não admite os demônios no sentido vulgar da palavra, mas admitem os Maus Espíritos, entidades essas que são os Espíritos dos próprios homens, ainda na ignorância, que praticaram crimes hediondos ou odiosos e que ao deixarem os corpos físicos, seus corpos espirituais (ou Perispíritos), pelas maldades praticadas, atrofiaram-se e ficaram com fisionomia animalesca, em razão que esse corpo espiritual é sucessível de modelagem para aspectos felizes ou terríveis, conforme as condutas praticadas com a roupagem física.

Os Espíritos não são, como freqüentemente se imagina, seres à parte na criação, mas na realidade almas daqueles que já viveram aqui na Terra ou em outros mundos habitados, despojados da roupagem física. Negar o Espírito seria negar a alma que todas as religiões admitem. Faz-se uma idéia muito falsa do estado dos Espíritos; eles não são, como muitos crêem, seres vagos e indefinidos, nem fantasmas. São seres semelhantes a nós, tendo um corpo como o nosso, mas fluídico e invisível aos nossos olhos, em seu estado normal.

Há, basicamente, no homem, três partes essenciais: primeira a Alma ou Espírito, princípio inteligente que abriga o pensamento, a vontade e o senso moral; segunda, o Corpo Físico, grosseiro ou físico, terceira o Perispírito ou Corpo Espiritual, envoltório fluídico, imponderável e modelável que serve de liame e intermediário entre o Espírito e o Corpo Físico, o qual sobrevive à morte física, sempre acompanhado do Espírito. Fatos esses comprovados pelos experimentos junto aos médiuns e suas mediunidades e até por cientistas não Espíritas. Os Espíritos revestidos de corpos materiais constituem a Humanidade ou mundo corporal visível. Despojados desses corpos, eles constituem o mundo espiritual ou mundo invisível, que povoam o espaço no meio do qual vivemos, sem disso suspeitar, como vivemos no meio do mundo infinitamente pequenos que não suspeitávamos antes da invenção do microscópio.

Os Espíritos não sendo senão as almas dos homens, estes vão adquirindo a perfeição, com as vivências na espiritualidade e nos mundos materiais, por meio das sucessivas reencarnações. O progresso vai se adquirindo com o tempo e não como se pensa que ao desencarnar tornar-se perfeito ou "santo". Seria também ilógico admitir-se que o Espírito de um selvagem, ou de um criminoso, torne-se de repente sábio e virtuoso após a morte física, como seria contrário à Justiça de Deus pensar que ele ficaria perpetuamente em sua inferioridade.

O ser humano por duvidar do seu futuro após o desenlace corporal, sente-se oprimido e angustiado e não vê senão na morte o fim dos seus sofrimentos, achando até racional o suicídio. Assim, sem a vida futura, a vida presente torna-se para o homem a coisa capital, o único objeto de suas preocupações e a ela tudo relaciona. Motivo que o leva a todo custo ao gozo material, as honrarias ilusórias e se elevar acima dos outros, angariando orgulho e ambição desenfreada, por não ver nada além.

A certeza da vida futura e suas seqüências mudam totalmente a ordem das idéias e faz ver as coisas sobre um novo ângulo. Diante do infinito e da grandiosidade da vida de além-túmulo, a vida terrestre se apaga, como um segundo diante dos séculos, como o grão de areia diante da montanha. Quando a maioria dos homens estiver imbuída dessa idéia, quando professar esses princípios e praticar o bem, não mais procurarão se prejudicarem mutuamente. Quando a Ciência tiver se inteirado destes novos campos de pesquisas, retificará grandes erros provenientes do fato de atribuir tudo como única causa, a matéria.

O Espiritismo não inventou os Espíritos e o mundo espiritual, no qual, se acreditou em todos os tempos, mas, faltava a sustentação filosófica, religiosa e científica que veio trazer, por intermédio do Paracleto prometido por Jesus, quando de sua caminhada terrestre. Ele foi o princípio excelso da prova da imortalidade e do entendimento da Eternidade, comprovado hoje pelas observações e experiências mediúnicas, estudada e comprovada por ilustres cientistas. Estas realidades importantíssimas livra-nos, radicalmente, dos preconceitos e das idéias supersticiosas que engendravam a dúvida e a incredulidade.

Nota do Autor:

Vitimização, Vitimizatório e Vitimizar são termos neológicos, todos oriundos de "Vítima", que por sua vez, tem sua origem na palavra latina "Victima, ae".

Conclusão

A educação deverá atingir os dois lados primordiais do ser humano: o físico (objetivo) e o espiritual (subjetivo), referentes ao "Homem Integral", que o fará despertar do sono milenar da ignorância das verdades, assim, os erros, as crendices e as superstições praticadas no passado, hoje não mais se admite. Essa educação deve ser a moral que formará o caráter e a conduta de cada um, alterando as condições sociais e do próprio planeta. Não se trata certamente, de educação religiosa, que atingi somente níveis programados pela própria religião, nem tampouco as educações formais, que é sistemática e memorizada a tolher informações intelectuais, técnica e culturais, contribuindo somente para aquisições externas de imediato, mas sim, a educação com diretrizes universais, atingindo o crivo do dever, da solidariedade, da compreensão, dos direitos recíprocos e do amor, trabalhando sempre para o crescimento pessoal e da Humanidade.

Infelizmente, a sociedade de nossos dias ainda não admite inteiramente tais idéias. E por não admiti-las, deixa de educar o indivíduo nas bases da verdadeira vida, perdendo nesse caso, uma preciosa oportunidade de desviá-lo de um "destino" cruel. Assim deveria ser, pois se compreendendo o indivíduo desde a tenra infância, como um Espírito reencarnado, que traz um cabedal de outras vivências, poderia identificar-se nele, logo nas suas primeiras manifestações para a vida, suas tendências não muito coerentes com os bons princípios de religiosidade e de convivência social, para se tentar corrigir nesse período próprio e introduzir na sua personalidade conceitos sobre responsabilidades e deveres com suas condutas que um dia deverá responder pelas mesmas.

O Espiritismo, frente aos criminosos de todas as épocas, enxerga neles, antes de tudo, o Homem-Espírito, com antecedentes espirituais capazes de atuarem decisivamente no seu comportamento junto aos que o rodeiam, e são identificados hoje, muitas vezes, com o nome de vítimas. Portanto, vítimas do acaso não existem, cada um de nós tem sua parcela de culpa na violência social.

A delinqüência tem recebido tratamento somente na base do regime repressivo, tornando-se inócuo, por não se atentar as causas que estão enraizadas no íntimo de cada delinqüente. A terapêutica para tão urgente questão há de ser preventiva, através da reeducação e do conhecimento da responsabilidade futura dos nossos atos de hoje. O sistema penitenciário precisa ser totalmente reformado de acordo com os moldes da concepção Espírita. Na verdade, persiste um circulo vicioso de infortúnios, em vista que aquele que age hoje violentando, estuprando e vitimizando terceiros, está transferindo do seu passado os próprios sofrimentos que lhe moldam como injustos, e os pratica em represália a outrem, quando nesta oportunidade, seria o momento da vítima perdoar o seu agressor para quebrar esse vínculo odioso e, na realidade, estaria se perdoando a si mesmo de falta idêntica praticada no passado de outra existência. Assim, o criminoso de hoje pode ser o regenerado de amanhã, porque a vida não se resume somente na existência atual, e quiçá, não somos hoje, o criminoso regenerado de ontem, ou seja, da vida passada.Quando de um delito, em geral, examina-se a conduta infeliz do agente com rancor e ódio, todavia, este não perdeu a qualidade de ser humano, devendo-se considerar sua ação somente lamentável, por mais hediondo haja sido o seu crime, para que os seus julgadores não se equiparem em rudeza e primitivismo dos tempos bárbaros e demonstrem o crescimento obtido no Cristianismo que é a Lei Divina. Todos que julgarem fora desse patamar, serão insensatos e arbitrários, decorrentes ainda de suas inferioridades, que apenas vêem as suas imagens projetadas nos seus julgados.

A Codificação nos ensina que *nos tempos chegados* em que vivemos, está sendo dada oportunidade última, neste orbe, para massa de Espíritos primários ou para aqueles que ainda não encontraram o caminho certo para o reajuste e ascensão, os quais não encontrando lares e companheiros que lhes moldem as personalidades que trouxeram do passado, vivem suas sensações grosseiras e impulsos agressivos, gerando violências para impor e usufruir seus instintos de gozos materiais.

A Medicina e a Psicologia têm que agregar em seus estudos o Perispírito (Corpo Espiritual) para se chegar às curas das doenças, pois, é nesse corpo que se encontra a etiologia das moléstias e a Doutrina Espírita define o estado de saúde como a perfeita harmonia do Espírito.

Os resgates de hoje, são compromissos assumidos do próprio agente praticante do mal ontem, pois, a ação registra-se na consciência do autor e ao reencarnar futuramente, vai vivenciar situações opostas da anterior, passando de agressor para vítima. Ora, se por parte da vítima, houver o perdão das agressões sofridas, quebrará os vínculos que existiam e o algoz de ontem sofrerá as conseqüências do seu ato passado, de mãos de terceiros, Espíritos ainda ignorantes que se comprazem com o mal, assim, cumprindo-se a Lei de Causa e Efeito. O processo complexo desses fatos somente ocorre devido à dureza do coração do ser humano, pois, ninguém reencarna predestinado ao crime ou a vingança, contudo, ocorrem por simples opção da prática do mal, usando o *Livre-Arbítrio* de que são portadores, podendo fugir desses laços de afinidade negativas, lutando para vencer suas próprias fraquezas, com a reforma íntima.

Ademais, para a Justiça Divina não há necessidade que a respectiva vítima, em vida futura, converta-se em cobradora da dívida do seu algoz, ainda que haja sofrido inúmeros abusos e ter esculpido na sua consciência a ação sofrida, desde que não se criou vínculo de ódio, pois o agressor que cultivou para si, no campo de força mental, energias parasitárias evoluídas pela sua conduta, sofrerá a medida aplicada na vítima de qualquer outro que esteja na mesma sintonia do algoz, assim, aplicando-se a Lei de Ação e Reação.

Quando o Divino Amigo ensina em suas parábolas que devemos pagar o *mal com o bem* é justamente por conhecer o estágio evolutivo do homem na Terra, os quais carregam em si, suas faltas, suas violações, suas agressões, suas violências, enfim, suas transgressões praticadas contra seus irmãos de jornadas e, em vidas vindouras, renascerão com débitos para com os mesmos, aí então, serão "vítimas" das mesmas violências, momento que deverão usar do perdão com seus algozes, pois na realidade, recebem a mesma ação que efetivaram, assim, equilibrando a Ação e Reação que rege no Universo.

Mais profundo ainda é outra recomendação evangélica, *Amai os Vossos Inimigos* (Mateus V. 43 a 47), entendendo-se que os inimigos de hoje, foram às vítimas de ontem (outra existência) que pela falta do perdão em seus corações, estão hoje na situação de inimigos, cobrando o que lhe é devido, oportunidade de se agir como verdadeiro cristão, não no sentido de devotar o amor idêntico ao que se devota aos entes queridos, mas sim, perdoá-los sem guardar qualquer rancor no coração. São atos que agem como remédio curador de futuros sofrimentos, pois estará nesta ação quebrando um círculo de vícios materiais, talvez seculares.

Nas *câmaras reencarnatórias* existentes na espiritualidade, local onde ocorre a implantação da *genética espiritual*, estuda-se em profundidade o passado da vítima e do verdugo, avaliando-se com justeza e sabedoria os fatores e as circunstâncias que geraram os conflitos e sofrimentos. Na dinâmica para nova existência, empregam-se sempre as ferramentas adequadas a depuração, como o perdão, a caridade e o amor, com o escopo de refazer o caminho da fraternidade, fato imprescindível para futura convivência no Mundo Maior Espiritual. Portanto, a história de cada individualidade vem sempre impressa na própria mente, com todos atos e fatos predominantes das vidas pretéritas, no aguardo de equilibrar o que se desequilibrou, para a manutenção das Leis Divinas.

A vingança constitui uma patologia do próprio verdugo, ante as ocorrências do mecanismo oportuno de crescimento. O ódio envenena os sentimentos e entorpece a razão sustentando a vingança e conduzindo a transtornos comportamentais de difícil recuperação. Oferecer outro lado da face é uma atitude quase impraticável na cultura ocidental, acostumada ao revide verbal e até por armas, utilizando as leis primitivas que ainda encontram-se enraizadas no atavismo humano.

A própria Terra, com resquícios de um mundo de *expiação e provas*, constitui-se em verdadeira *prisão planetária* para os Espíritos aqui encarnados ou aguardando reencarnação, com fim de equilibrarem suas situações e, em conseqüência, o orbe progrida para mundo de regeneração, isto é, mundo mais evoluído. Para tanto, violada a Lei Divina, o caminho para reabilitação requer passar pelas fases de: *expiação; arrependimento* e *reparação.*

A força do *mal* é somente aparente, pois o *bem* é mais forte por ter as raízes no próprio Criador, e passado o ciclo das conseqüências do *mal* praticado, surgirá o *bem* vitorioso. A coragem é não revidar ao *mal*, se possível, nem pensar no *mal* recebido, pela razão de que todos que resistem ao *mal*, não perdoando, tornar-se-ão vítimas de seus revides, ensejando um círculo vicioso do *mal* e não se dando oportunidade de se estabelecer o equilíbrio, do qual fomos os protagonistas. Razão incontinente de Jesus em afirmar: *não resistir ao mal*, mas sim, confirmar o *bem* por serem atitudes de crescimento espiritual e de justiça em decorrência de nossas práticas passadas. A sua doutrina veio ensinar que o mal só provoca o mal circundando os envolvidos em ciclos intermináveis de vingança e ódio, ocasionando sofrimento, dores e atraso evolucional, trazendo assim, o remédio certo para a quebra desses grilhões milenares que é o Perdão.

Hoje em dia, cresce intensamente o interesse da Humanidade em tudo que se relaciona com *a vida após a morte*, como bem se vê as freqüentes temáticas na mídia em geral divulgando fatos e acontecimentos que envolvem a espiritualidade. Já não se questiona mais a crença na vida futura, mas sim, busca-se o conhecer dessa vida que somente a Doutrina Espírita tem condições plausíveis para ensinar e demonstrar como se vive no plano espiritual.

Fatalmente, nosso caminho é para a harmonia Divina que iremos conquistar, às vezes, as duras penas, mas o destino sempre é Deus nosso Criador e, qualquer desvio do sentimento de amor que se tenha, ocorre o desequilíbrio e a inarmonia, retardando a marcha da evolução e do progresso espiritual.

Aí é que entra o papel da religião, como bem Kardec enfatiza (O Evangelho Segundo o Espiritismo, Verdadeira Vida, Cap. VIII. Editora Mundo Maior.2000): "a religião tem o objetivo de conduzir o homem à Deus, ora, o homem não chega a Deus senão quando está perfeito, portanto, toda religião que não torna o homem melhor, não atinge seu objetivo. A crença eficácia dos sinais exteriores é nula se não impele que se cometam homicídios, adultérios, espoliações, calúnias e de fazer mal ao próximo em que quer que seja. Ela faz superstições, hipócritas e fanáticos, mas não faz o homem de bem. Não basta, pois, ter as aparências da pureza, é preciso antes de tudo ter a pureza de coração".

Todo aquele que se ilumina, mas não ilumina seu próximo, ainda não iluminou o seu caminho a Deus. (Demétrio)

Assim, por derradeiro:

Evidenciamos, neste trabalho, estudos superficiais sobre o Direito Penal, onde ficou demonstrado que a evolução das leis materiais decorrem dos *usos e costumes* dos seres humanos, restritos a cada região do planeta, tendo como finalidade normatização de condutas sociais, imprescindíveis para o equilíbrio da vivência do Homem em sociedade. Artigos e incisos dos códigos, Penal e de Processo Penal, que dizem respeito à *vítima*, demonstram a preocupação do legislador com a mesma, sempre com o escopo de equilibrar situações sociais e, sobretudo, do nosso interesse do relacionamento do chamado duplo-penal: *criminoso-vítima*. Com a evolução das normas jurídicas preocupou-se, além da conduta lesiva do delinqüente, o comportamento da vítima no sítio dos acontecimentos criminais, onde, muitas vezes, o episódio somente eclodia devido à ativa participação do *sujeito passivo* (vítima).

Registramos ainda, os caminhos legais quanto à reparação do *dano* sofrido pela vítima, direito não muito divulgado e que a maioria dos lesionados não requerem seus prejuízos, caminho esse que alertaria os infratores sobre suas responsabilidades também materiais, quiçá, diminuiria os litígios e aumentaria a concordância entre as partes.

Demonstramos a existência de estudos sobre a *periculosidade* ainda existente no ser humano, que retrata as probabilidades de se cometer delitos, bem como, as possibilidades reinantes, no estágio evolutivo que se encontra, tornar-se *reincidente*, por carregar no seu íntimo potencialidade compulsiva para a violência e o crime.

Esmiuçamos o grave problema da *agressividade*, sem nos surpreendermos, em razão de vivenciarmos os *tempos chegados*, que correspondem a um período de transição planetária, com conseqüências sociais e morais, que acentuam os desequilíbrios que refletem no comportamento de cada um, dependendo da evolução adquirida. Esse período que se atravessa é deveras atribulados, por ser o momento de tentativa de resgate do maior número de débitos possíveis, os quais vem sendo transferido de existência à existência. Desse modo, tornando-se inadiáveis a sua concretização, como também, oportunidades últimas são dadas aos Espíritos resistentes à renovação que se implantará neste orbe.

Ratificamos que indivíduos, nestas condições, trazem imantados em seus Espíritos as *violências* praticadas, ou, as *violências* sofridas. No primeiro caso, são Espíritos que durante suas trajetórias não conseguiram desvincular-se dos instintos remanescentes de batalhas, revoluções e guerras que participaram e, quando dos seus retornos aos meios sociais, impuseram a braço forte suas condutas agressivas e alastraram inúmeras vítimas de suas ações. Essas vítimas que padeceram em suas mãos, muitas já com entendimentos do verdadeiro Cristianismo, perdoaram seus algozes, desvinculando-se dos mesmos, contudo, outras criaram ódios que enraizaram em seus Espíritos e, tanto na *sociedade material*, quanto na sociedade espiritual, encontramse perseguindo seus agressores. Esses Espíritos perseguidores que querem ser justiçados, ao retornarem à vida física, carregam em si planos de vingança, pois, não perdoaram o mal padecido.

Autenticamos neste labor, para maior entendimento, a eficácia da Lei de Ação e Reação, demonstrando que os entes violentos e criminosos terão em seu caminho, dia mais, dia menos, essas próprias vítimas do pretérito, ocasião que tornar-se-ão, também, vítimas de idênticas violências ou criminalidade. É o momento que estamos presenciando onde os delitos são praticados não somente visando bens materiais, mas sim, com muito rancor e ódio contra a pessoa. Assim, com reservas das exceções de Espíritos que reencarnam com o "espírito de sacrifício" e dos missionários, que passam por sofrimentos sem terem débitos, todos trazem dívidas idênticas às que estão sofrendo para o devido equilíbrio das Leis Divinas.

Esclarecemos no percurso dessas elucidações que, como bem o Cristianismo e a Codificação Espírita enfatiza, somente participarão da Lei de Ação e Reação, aqueles que recebendo as ofensas e agressões, não perdoaram seus ofensores e agressores, enquanto, aqueles que mesmo sofrendo esses ataques, perdoaram seus verdugos, quebraram os vínculos passados, libertando-se de jugos inferiores e cumprindo os ensinos Cristãos.

Certificamos também que o Consolador prometido por Jesus, é a própria Doutrina dos Espíritos, que segundo Suas palavras, haveria de lembrar tudo que havia dito e ensinaria todas outras coisas mais. Assim, a Terceira Revelação como também é chamada, vem descortinando horizontes novos de compreensões para a Humanidade, principalmente para aqueles que possuem "olhos de ver" e "ouvidos de ouvir", os quais abrangerão essas verdades.

Finalizamos ostentando que somente somos vítimas, devido nossos pretéritos desregrados, onde imperava as desinformações e ignorâncias dos verdadeiros desígnios Divinos, o que já não deverá ocorrer mais com vistas aos postulados do Consolador que traz Luz ao Cristianismo e aos ensinos de todas outras épocas. Portanto, quem seguir a Luz das Verdades Evangélicas, com certeza, **VÍTIMA!? NUNCA MAIS.**

BIBLIOGRAFIA

ALMEIDA, João Ferreira (Tradução), Bíblia Sagrada, Sociedade Bíblica Do Brasil, RJ. 1960.

AMORIM, Deolindo, Espiritismo e Criminologia, Editora Federação Espírita Brasileira, RJ.

BITTENCOURT, Edgard de Moura, Vítima, Editora Universitária de Direito, SP. 1978.

BERGER, Henry Ellen, Relations Psichologigues entre le Creminel et la Victime, Genebra-Suiça, 1954.

BERNARDI, Ricardo, Vôo Livre, Editora Mundo Maior, SP, 1999.

CASTRO, Lola Aniyar de, Victimologia, Universidad del el Zulia, Venezuela, 1969.

CONSTITUIÇÃO da República Federativa do Brasil, Senado Federal, Centro Gráfico, Brasília, DF, 1998.

CÓDIGO Penal e Código de Processo Penal, Editora Revista dos Tribunais, SP, 1999.

CÓDIGO Civil, Organizador Juarez de Oliveira, Editora Saraiva, SP, 45° Edição, 1994.

DELMANTO, Celso, Código Penal Comentado, Edição Renovar, SP, 1986.

FERNANDES, Newton e Valter, Criminologia Integrada, Editora Revista dos Tribunais, SP, 1995.

FERREIRA, Aurélio Buarque de Holanda, Dicionário Básico da Língua Portuguesa, Editora Nova Fronteira, SP, 1988.

FERRI, Enrico, La Sociologie Criminalle, Paris, 1914.

FRANCO, Divaldo Pereira, Espírito Joanna De Ângelis, O Despertar do Espírito, Livraria Espírita Alvorada Editora, Salvador, BA, pag. 182, 2000.

GOMES, Jose Carlos, Criminologia, Revista da Associação dos Delegados de Polícia do Estado de São Paulo, SP, 1998.

GONZALEZ, Rodrigo Ramirez, La Victimologia, Editora Rial Temis, Colômbia, 1983.

GULOTTA, Guglielmo, La Vittima, Giuffré Editore, 1976.

HENTIG, Hans Von, Contribution de la Vitimologia u Criminologie, pág. 587, Paul Cornil.

INFORMATIVO Unicef em Ação, 1999.

JIMENEZ, Asua A, Ley y Delito, Buenos Aires, Argentina, 1954.

JORNAL O Estado de São Paulo, SP, 08.03.2000, 11.03.20, 28.07.2000, 07.08.2000, 17.09.2000.

JORNAL Valor, Suplemento Eu, Jornalista Larissa Squeff, 14.10.2000.

KARDEC, Allan, O Que é o Espiritismo, Instituto de Difusão Espírita, Araras, SP, 1958.

O Livro dos Espíritos, Questão nº 865, Editora Mundo Maior, SP, 2000.

O Evangelho Segundo O Espiritismo, cap. XL – A Lei de Amor, Editora Mundo Maior, SP, 2000.

KOSOVISKI, Ester e Séguin, Elida, Temas de Vitimologia, Editora Lumen Juris, RJ, 2000.

LORICCHIO, João Demétrio, Criminoloiga – Genética Espiritual, Editora Mundo Maior, SP, 2001.

MANZANERA, Luiz Rodrigues, Victimilogia – Estudio da la Victima, Editorial Porrúa, México, 1989.

MAYR Eduardo, Atualidades Vitimológicas, RJ.

MENDELSOHN, Benjamin, Science Actuelle.

MOTA, Eliseu F. Junior, Pena de Morte e Crimes Hediondos, Casa Editora O Clarim, Matão, SP, 1995.

MENDES, Nelson Pizzotti, Revista Tribuna da Justiça, SP, 16.06.1976.

MORAES, Bismael Batista, Arquivos da Polícia Civil, Revista Tecnocientífica nº 46, Academia de Polícia do Estado de São Paulo.

MORAES, Talvone Marins, Vitimologia em Debate, RJ, 1990.

MOREIRA, Guaracy Filho, Vitimologia – O Papel da Vítima na Gênese do Direito, Editora Jurídica Brasileira, SP, 1999.

NORONHA, Edgard Magalhães, Direito Penal, Editora Saraiva, SP, 1978.

PACHECO, Cid, Temas de Vitimologia, Editora Lumen Juris, RJ, 2000.

PELLEGRINO, Laercio, Vitimologia, Editora Forense, RJ, 1987.

PIEDADE, Heitor Filho, Vitimologia – Evolução no Tempo e no Espaço, Livraria e Editora Freitas Bastos, RJ, 1993.

PIRES, Herculano Jose, Pedagogia Espírita, Editora Edicel.

QUEIROZ, Carlos Alberto Marchi de, Revista da Associação dos Delegados do Estado de São Paulo, nº 27, Junho, 1999.

REBELLO, Wanderley Filho, Temas de Vitimologia, Editora Lumen Juris, RJ, 2000.

REGIS, Jaci, A Mulher na Dimensão Espírita, Editora Licespe, Santos, SP, 1994.

REVISTA Veja, José Edward, Belo Horizonte, MG, 20.12.2000.

RIZZINI, Carlos Toledo, Evolução para o Terceiro Milênio, Editora Edicel, Sobradinho, DF, 1994.

SEPAROVIC, Paul Zvonimir, Vitimologia em Debate, Editora Forense, RJ, 1990.

Victimology – A New Approach In Social Sciences, I Simposium, Alemanha, 1976.

SILVA, Plácido e, Vocabulário Jurídico, Editora Forense, SP, 1963.

SILVA, Wilson Melo da, O Dano Moral e a sua Reparação, Editora Forense, 3ª Edição, RJ, 1983.

SIMONETTI, Richard, A Constituição Divina, Gráfica São João Ltda. 3ª Edição, Bauru, SP, 1989.

SOARES, Orlando, Criminologia, Biblioteca Jurídica Freitas Bastos, RJ, 1986.

STANCIU, Vasile, Les Droits de la Victime, Presses Universitare De France, Paris, 1985.

XAVIER, Francisco Cândido, Espírito André Luiz, Evolução Em Dois Mundos, Editora Federação Espírita Brasileira, 3ª Edição, RJ, 1975.

Nos Domínios da Mediunidade, Editora Federação Espírita Brasileira, RJ, 1954.

WOLFGANG, Marvin, Studies In Homicide New York, USA, 1967.

Mundo Maior
Editora
Seu futuro começa aqui.